Bal tragique à l'UMP

Des mêmes auteurs

UMP, un univers impitoyable

Neila Latrous
Jean-Baptiste Marteau

Bal tragique à l'UMP

Flammarion

ISBN : 978-2-0813-0043-9

D'un pro-Fillon : « Cette campagne, c'était un peu les Bisounours contre les Rapetou. »

D'un pro-Copé : « Cette campagne, c'est les barons contre les militants. »

À la relève : Nadine, Line, Adam et Lina
N.L.

À la mémoire d'Audrey Rollet-Ducongé
J-B.M.

Prologue

Quand la famille se déchire

Dimanche 18 novembre. Siège de l'UMP. Cela fait déjà quelques heures que les résultats se font attendre. La commission électorale s'est installée au deuxième étage. Ses travaux avancent lentement. Très lentement. De temps à autre, les soutiens des deux camps descendent s'en griller une dans le patio prévu à cet effet. Une petite cour extérieure qui fait face à l'escalier. Quelques minutes de détente pour les représentants des candidats avant de retourner au front. Pro-Fillon et pro-Copé se croisent. Entre les deux : les journalistes. Chacun tire nerveusement sur sa cigarette. Il fait froid. Des regards noirs sont échangés. En silence. La tension est palpable dans ces seize mètres carrés devenus l'espace d'un instant le théâtre de la haine que se voue chaque camp. Comme deux meutes de loups prêtes à bondir.

Qu'y a-t-il de plus violent qu'une histoire de famille qui tourne mal ? De plus féroce qu'un affrontement entre membres d'une même fratrie ?

Qui plus est, quand il s'agit d'héritage ? Les successions sont souvent cruelles et douloureuses. Il en va des familles politiques comme des familles tout court. À ceci près qu'ici, il n'est pas question d'argent, mais bien pire : de pouvoir.

Qui pour remplacer Nicolas Sarkozy ? La famille UMP s'est brutalement retrouvée orpheline après la sortie de route de son chef. Un leader foudroyé le 6 mai 2012 par la dureté du scrutin présidentiel. La victoire de Jacques Chirac en 2002 avait au moins permis que le passage de témoin se fasse en douceur. Et encore ! Il y eut des tensions. Des jalousies. Des noms d'oiseaux. Rien de comparable toutefois à ce que vient de vivre la droite française.

« Tous les acteurs étaient métamorphosés par la haine », raconte, effaré, un ancien ministre. Lui s'est tenu à l'écart. Il ferme les yeux en repensant aux jours assassins que vient de connaître l'UMP. « La raison n'avait plus sa place, répète-t-il. Des gens à qui je parlais depuis quinze ans en confiance ne pouvaient plus souffrir la moindre contradiction, le moindre argument, la moindre nuance qui allait contre leurs positions. » Une hystérie collective qui prend racine dans la lutte à mort entre deux hommes qui se détestent.

Jean-François Copé, François Fillon. Tout les oppose. Leur parcours, leur formation, leur âge, leur sensibilité, leur tempérament. Le fougueux contre l'intellectuel. Le bagarreur contre le réservé. Le battant qui a connu les chemins escarpés contre le bon élève à la carrière linéaire. Le bébé Jacques Chirac contre le disciple de Philippe Séguin. Tous les ingrédients du psychodrame. Ils ne se comprennent pas. Ne partagent pas le même logiciel politique. Nicolas Sarkozy l'a compris, lui qui pendant cinq ans s'est joué de leur rivalité.

Non, ils ne s'aiment pas. Mais comment ont-ils pu en arriver là ? Comment ont-ils pu faire voler en éclats cette machine de guerre que devait être le grand parti de la droite et du centre ? Entre recomptage, accusations de fraude et propos d'une rare violence lancés par les proches de Jean-François Copé et de François Fillon, la première grande élection interne de l'histoire de l'UMP a scindé le parti.

En novembre 1970, au lendemain de la mort du Général de Gaulle, l'hebdo satirique *Hara-Kiri* titrait : « Bal tragique à Colombey, 1 mort ! » Référence à l'incendie d'une salle de danse, la même année, qui avait fait 146 victimes. Aujourd'hui le bal tragique à l'UMP n'a pas fait un, mais deux morts. Jean-François Copé et François Fillon, durablement abîmés. Deux morts et combien de blessés ?

Voici les coulisses de l'affrontement le plus sanglant de l'histoire de la droite française. Nous avons tenté d'approcher au plus près de la vérité. En donnant la parole aux deux protagonistes et à leurs innombrables soutiens, conseillers et amis. Certains ont parlé de bon cœur, avec la volonté d'exorciser cet épisode et de vite passer à autre chose. D'autres ont préféré se taire, tant la douleur était encore vivace. La grande majorité a choisi de se livrer en *off*, craignant de s'exposer à des représailles. Voici ce qu'ils nous ont dit.

Acte 1

Bourrage d'urne à tous les étages ?

« Mais qui a bien pu vous raconter une connerie pareille ! » Ce 26 octobre, Vincent Roger est ulcéré quand les propos tenus par un parlementaire de son camp lui sont rapportés. Le porte-parole de François Fillon balaye les accusations de fraudes d'un revers de main. Car c'est bien de fraude dont il est déjà question, plus de trois semaines avant le scrutin.

La veille, l'un de ceux qui militent à ses côtés se livrait avec une rare sincérité, au cours d'un dîner : « Oui il y aura de la triche de notre côté, il y en aura aussi chez Copé, c'est évident. On n'aura jamais les vrais chiffres. C'est celui qui trichera le mieux qui l'emportera. » Avant d'ajouter, habité à nouveau par son sens politique : « Cela reste entre nous. C'est triple *off*, d'accord ? » La confidence a le mérite de planter le décor.

Des « conneries », ces histoires de fraude ? Ça, c'était pour le discours officiel d'avant-scrutin. Les dénégations n'auront duré que le temps de la campagne. Au lendemain du vote, le 19 novembre, François Fillon reconnaît lui-même des « irrégularités manifestes ». Quelques jours encore et le député de Paris lâche le mot : « mafia ». Une gradation dans la dénonciation qui se conclut par un constat sans appel des proches de l'ancien Premier ministre : « Il y a eu une entreprise de fraude industrielle chez Copé. » Fraude industrielle. Par opposition, explique l'entourage, à la triche « artisanale » à laquelle ils s'attendaient et qui, il faut le reconnaître, a cours dans chaque parti ou presque dès qu'il s'agit d'élection interne.

Jean-François Copé aurait donc massivement triché. Lui s'en défend. Et incrimine son rival, ses soutiens du moins. « Ils ont bourré les urnes », répètent ses proches. Un autre de ses soutiens s'énerve : « Chez Fillon, ils lancent des accusations mais n'ont pas un début de preuve. Nous, on en a des preuves. » Alors où est la vérité ? Qui ment ? Qui a vraiment triché, comment et dans quelles proportions ? Que s'est-il passé, en coulisses, le jour du vote ? Tenter de démêler les fils n'est pas une tâche aisée. Une chose est sûre : rien n'aurait pu empêcher le naufrage. L'« exercice de démocratie » était condamné à prendre l'eau.

Désorganisation générale

La journée s'annonce longue, très longue, pour Sandrine Collignon, la présidente du bureau de vote numéro 8 des Alpes-Maritimes. Comme les responsables des huit bureaux de vote du département, elle a rendez-vous à la permanence à 6 h 30 pour récupérer le matériel de vote. Puis direction le bureau installé dans un gymnase du Palais des Victoires à Cannes. Première surprise : rien n'a été installé. Les isoloirs ne sont pas montés. Les tables et les chaises sont entassées dans un coin. Commence à la hâte un petit travail de manutention. Le bureau de vote est censé ouvrir dans une demiheure à peine.

Comme si cela ne suffisait pas, l'huissier est en retard. Impossible d'ouvrir les enveloppes contenant la liste électorale sans sa présence ! Quand il arrive, de nombreux militants s'impatientent déjà sur le trottoir. L'équipe joue décidément de malchance car une question s'impose : comment organiser la salle ? Trois bureaux de vote sont regroupés dans ce gymnase. Faut-il mettre en place un seul espace de contrôle, ou trois, afin que chaque président vérifie les pièces d'identité de ses électeurs ? L'UMP a prévenu les fédérations : en cas de doute, appeler la COCOE, la commission chargée d'éclaircir toutes les zones d'ombres. Sandrine Collignon le sait. Mais cela fait plusieurs minutes qu'elle compose le numéro sur son téléphone sans que personne ne décroche à l'autre bout. Et pour cause… La ligne est déjà saturée de coups de fil ! Le bureau 8 des Alpes-Maritimes finit par ouvrir, avec vingt minutes de retard. Les dizaines d'adhérents pestent déjà contre le manque d'organisation.

À 200 kilomètres de là, ce n'est guère mieux. Il est 8 h 30 passées quand Valérie Boyer reçoit le pack électoral scellé. « Il y avait des bulletins, mais il manquait des enveloppes, des élastiques… du matériel de base ! » raconte-t-elle. La députée des Bouches-du-Rhône n'en croit pas ses yeux : c'est comme si l'UMP découvrait le mode d'emploi d'une élection. Ce n'est pourtant pas faute d'avoir alerté les instances du parti.

Des semaines durant, Valérie Boyer s'inquiète en Bureau Politique, mais aussi lors des comités stratégiques de François Fillon qu'elle soutient, des conditions matérielles d'organisation du scrutin. « J'ai posé des questions bassement logistiques, confirme-t-elle. Je n'ai eu de réponses précises à aucune réunion. Pour les urnes, j'ai même demandé s'il fallait fabriquer nous-mêmes des boîtes ! J'ai eu la réponse à une semaine de l'élection : on nous a expliqué que les urnes de la ville allaient nous être prêtées. Enfin, on les a eues parce qu'on a insisté. » Dans son bureau marseillais, contrairement à ce qui a cours au même moment à Cannes, pas de problème de préparation de la salle. « Enfin parce qu'avec mon équipe on avait passé la journée de samedi à tout installer », précise Valérie Boyer. Les fédérations n'étaient donc pas au courant qu'il fallait organiser matériellement des salles pour procéder au vote ? Qu'il fallait monter soi-même les isoloirs ? Manifestement, la consigne n'était pas passée auprès de tous. Le parti n'a pas réussi à organiser une élection et « c'est douloureux », lâche un député.

Malgré tout, on vote. Beaucoup. Plus que prévu. « C'est bon signe », se félicitent les fillonistes. Les files d'attente s'allongent devant les quelque six cents bureaux parsemés sur toute la France. Il faut dire que trois scrutins sont organisés simultanément : le vote pour le président de l'UMP, le choix de la ligne idéologique – les motions – et la charte des valeurs. « Au départ, il n'y avait pas la charte des valeurs. Ça a été rajouté quelques semaines avant lors d'un Bureau Politique », avance un membre de l'équipe Fillon, comme pour insister sur la responsabilité de la direction nationale. Laquelle s'abrite derrière les statuts de l'UMP pour envoyer valser les accusations : « Toutes les décisions prises en BP ont été votées en présence des fillonistes. Ils n'ont rien dit à l'époque. » Ce que Copé ne dit pas, c'est que l'instance est composée en grande partie de secrétaires nationaux qu'il a lui-même nommés.

Un détail ralentit particulièrement les opérations électorales : il n'y a qu'un seul cahier d'émargement par bureau. Chaque électeur doit signer trois fois. Trois paraphes correspondant à chacun de ses votes. Et jusqu'à six signatures à apposer si la personne est munie d'une procuration ! Un casse-tête comme seule l'UMP est capable d'en créer. « Deux cahiers d'émargement, c'était nécessaire, admet un élu du Nord. Avec trois votes et un seul cahier pour signer en sortant de l'isoloir, c'était évident que ça allait être compliqué. »

Roger Karoutchi avance une autre explication. « Cela aurait été plus simple si certains présidents de bureau n'avaient pas fait du zèle, assène le codirecteur de campagne de Jean-François Copé. Dans un bureau des Hauts-de-Seine, le type vérifiait l'identité du votant avant chacun des trois votes. Quand je lui ai fait remarquer qu'il fallait peut-être accélérer la cadence car il y avait déjà une demi-heure d'attente, il m'a rétorqué qu'il était juriste, qu'il appliquait les règles et qu'au moins il n'y aurait pas de fraude dans ce bureau. » Sans doute. Sauf qu'à ce rythme-là, beaucoup de militants renoncent à atteindre l'isoloir. D'autres font des malaises. Certains s'agacent de ne pas trouver leur nom sur les cahiers d'émargement. Explication toute trouvée de l'entourage de François Fillon : « On n'en a pas beaucoup parlé parce que c'est difficile à prouver, mais on est sûrs que des militants, identifiés comme proches de nous, ont été sciemment rayés des listes. »

La pagaille est totale. À qui la faute ? Les équipes Copé et Fillon se renvoient la balle. La première affirme que le siège parisien ne fournissait que le matériel : enveloppes, bulletins, listes électorales, etc. À la charge des fédérations de préparer les salles et de fournir les bénévoles nécessaires. Avant même la fermeture des bureaux, l'argument est relayé sur Twitter par Jean-Baptiste Lemoyne, un proche collaborateur de Jean-François Copé : « C'est factuel : la fédé propose, la COCOE entérine et François Fillon y a des représentants. » Avant de préciser : « L'organisation du vote à Paris et les bureaux ont été proposés par la fédé de Paris, présidée par monsieur Goujon, à la COCOE. » Ledit Philippe Goujon, député filloniste, s'insurge : « Nos propositions pour un vote plus fluide ont été rejetées, il a même été difficile d'obtenir deux bureaux de vote dans les gros arrondissements ! »

« Ce qui a scellé le sort de cette élection, c'est le nombre de bureaux », insiste un collaborateur de l'ancien Premier ministre. Initialement, la COCOE, chargée d'organiser le scrutin, en propose un par département. « On a ferraillé pour en avoir un par circonscription », détaille Nora Berra. Malgré tout, le compte n'y est pas. Certains départements sont mieux dotés que d'autres. Les Bouches-du-Rhône par exemple : vingt-deux bureaux de vote pour 10 172 adhérents qui penchent majoritairement pour Jean-François Copé. La fédération voisine, les Alpes-Maritimes, en compte deux fois moins : onze bureaux pour 12 099 votants. Une semaine avant le scrutin, l'émission Dimanche+ sur Canal+ estime que le panachage national est pour le moins inéquitable : un bureau de vote pour 400 militants dans les fédérations copéistes, un pour 1 000 dans les départements fillonistes.

L'équipe de l'ancien Premier ministre s'est adonnée à un autre calcul : alors que dans une élection classique, les bureaux de vote sont composés de 800 à 1 200 électeurs, certains bureaux lors du Congrès comptent jusqu'à 5 000 électeurs. « On s'est fait avoir, reconnaît Nora Berra. On a été trop gentils, trop naïfs. » « La COCOE a répondu non à toutes nos demandes », se désole un autre soutien de Fillon. « Comme on était sûrs de nous, on n'a pas assez négocié sur le nombre de bureaux de vote, confesse un troisième qui accuse à demi-mot le directeur de campagne, Éric Ciotti, de n'avoir pas minoré l'excès de confiance de l'équipe. Et quand on se réveille le 18 novembre, il est trop tard. » Voilà donc le péché mortel : la certitude indéfectible, largement confortée par des sondages, de remporter l'élection.

Dans un premier temps, les images des files d'attente qui s'allongent ne minent pas le moral des soutiens de François Fillon. Bien au contraire. À Versailles, Valérie Pécresse est en pleine forme. Comme à l'accoutumée, elle entame tôt le matin son marathon des bureaux de vote. « Élection pluvieuse, élection heureuse », lui lance le premier électeur qu'elle croise. Elle se félicite de la mobilisation : « Dites, ça vote bien ! » Les isoloirs sont déjà pris d'assaut. Par endroits, il y a près d'une heure d'attente déjà ! Elle-même est contrainte d'abandonner l'idée de voter le matin. « Je reviendrai ce soir, là il y a beaucoup d'attente », explique-t-elle.

Certains journalistes, venus immortaliser celle qui deviendra peut-être secrétaire générale de l'UMP, lui demandent de feindre de glisser un bulletin dans l'urne. Pour la photo. Certains ne pourront pas revenir à 18 heures. Valérie Pécresse accepte et se prête, tout sourire, à cet exercice imposé. Pourquoi ne serait-elle pas confiante ?

Après tout, médias et élus ont répété en boucle qu'une forte participation jouerait en faveur de son candidat. Une analyse partagée autour de Jean-François Copé. À 18 heures, l'un de ses proches conseillers se montre soucieux. Croit-il encore que « JFC » peut l'emporter ? « Jusqu'au bout ! Mais cette participation très forte... » indique-t-il par texto. Un autre insiste par téléphone : « Au moins, on se sera battus jusqu'à la dernière minute et on aura fait une très belle campagne. » Le ton fait penser aux commentaires du soir du second tour de la présidentielle alors que les premières enquêtes qui circulaient sous le manteau donnaient Nicolas Sarkozy battu.

Chez François Fillon, l'optimisme laisse place à un sérieux doute à partir de 15 heures. Et si la participation n'était pas une si bonne chose finalement ? Et si les images d'attente, largement relayées par les chaînes d'infos, décourageaient les électeurs ? « Même nous dans l'équipe, on ne peut pas aller voter, s'insurge un conseiller. On n'a pas les moyens de s'absenter plus d'une heure de la permanence ! »

François Fillon décide alors de prendre l'opinion à témoin. Dans le 7e arrondissement de Paris, il s'installe dans la file qui s'est formée devant l'école Sainte-Clotilde. Et patiente sur le trottoir. Une longue attente dans le froid parisien commence pour l'ancien Premier ministre, militant parmi les militants, exaspéré comme eux par l'attente. Intérieurement, le candidat jubile. Les chaînes d'information diffusent en boucle l'image. Autour de

François Fillon, la tactique est désormais claire : il faut dénoncer haut et fort les conditions d'organisation du scrutin. Côté Jean-François Copé, on s'agace de cette mise en scène : « Dans 95 % des bureaux de vote, on n'a pas fait la queue. » Chiffres contre chiffres, le député de Paris se dit certain que tout a été fait pour le priver de milliers de voix. « Dans la capitale, on est à 45,5 % de participation contre 60 % au national. Et comme par hasard, ça chute autour des 38 % dans le 15e et 16e, des arrondissements qui nous sont favorables. On gagne Paris avec 2 500 voix à peine. Avec plus de votants, François Fillon était élu président sans problème. » « On ne peut pas dire tout et n'importe quoi, rétorque un ami de Jean-François Copé, passablement agacé : se féliciter des 60 % de participation et dire par ailleurs qu'on a découragé la mobilisation ! » L'entourage préfère pointer du doigt les fraudes du camp d'en face.

« *Il manque des signatures* »

Le chiffre est loin d'être négligeable : 128. C'est la différence entre le nombre de bulletins trouvés dans l'urne lors du dépouillement et le nombre d'émargements sur les listes électorales. Cette différence de 128 a été constatée dans un bureau de vote. Et pas n'importe lequel ! Le numéro 1 des Alpes-Maritimes. Le fief d'Éric Ciotti, directeur de campagne de François Fillon. Pour Jean-François Copé, c'est la preuve accablante que son rival a fraudé.

L'annulation du bureau est demandée dès le dimanche soir. Stupeur dans l'équipe Fillon. Éric Ciotti est convoqué sur le champ : « Éric, tu nous le dirais s'il y avait un truc pas net ? Tu nous le dirais ? » Le président du conseil général des Alpes-Maritimes est pétrifié. Il jure qu'il n'est au courant de rien. Qu'il n'a pas triché : « Ce n'est pas possible ! C'est impossible ! Il y avait des huissiers, des caméras, des journalistes partout ! »

La tension était palpable dès le matin à Nice. À 10 heures, Michèle Tabarot monte au créneau médiatique pour dénoncer « des fraudes dans trois bureaux de vote ». L'élue du Cannet dénonce notamment « une liste unique d'émargements partagée en trois, ce qui n'assure pas un contrôle optimal », et surtout des distributions de procurations vierges à l'intérieur du bureau de vote niçois. L'équipe Copé assure disposer de preuves incontestables une heure à peine après l'ouverture du vote. Dans l'entourage de Fillon, cette sortie matinale laisse perplexe. « Ma première réaction, c'est de me dire qu'ils sont fébriles parce que la mobilisation est plus élevée que prévue, explique Aurore Bergé, membre de la team Fillon. Je me dis qu'ils veulent entacher le scrutin du soupçon de la fraude. En y repensant *a posteriori*, je me dis qu'en fait, c'était malin. Malhonnête, mais malin. Ils font peser le soupçon sur la deuxième fédération qui nous soutient après Paris. »

Les Alpes-Maritimes sont un enjeu du scrutin. Terrain de l'affrontement entre Michèle Tabarot, numéro 2 sur le ticket de Jean-François Copé, et Éric Ciotti, organisateur en chef de la campagne de François Fillon. Une fédération pointée du doigt par l'un des candidats… une semaine auparavant ! C'est Jean-François Copé qui lâche alors [1] : « J'ai dit à plusieurs reprises à mes amis d'être très rigoureux dans le respect des règles électorales. J'ai d'ailleurs évoqué le sujet avec mes amis niçois. La confiance n'exclut pas le contrôle. » « Quel coup magistral ! sifflote un ami d'Éric Ciotti. Avant même qu'il y ait un problème, on nous dit qu'il va y avoir un problème. »

Pour les fillonistes, la désorganisation du scrutin explique une partie de la différence d'émargement. Argument irrecevable pour les soutiens du député-maire de Meaux : « Si je les suis, on aurait organisé le bordel dans cette élection, mais uniquement à Nice ? Comme par hasard, c'est le seul endroit où il y a un écart entre le nombre de signatures et le nombre d'enveloppes ? Allons… » Et de prendre, espiègle, l'exemple d'un bureau parisien. « Celui de Sainte-Clotilde où, paraît-il, certaines célébrités ont voté. Pourquoi, alors qu'il y avait une file d'attente que vous avez pu constater en direct à la télévision, pourquoi malgré l'attente il n'y a aucun écart de voix dans le 7e arrondissement de Paris ? L'argumentation d'Éric Ciotti sur les Alpes-Maritimes ne tient pas. »

1. *Le Journal du Dimanche*, 11 novembre 2012.

Deuxième argument des pro-Fillon : une manipulation de Michèle Tabarot n'est pas à exclure. La preuve : « La présidente du bureau de vote était copéiste. » Un conseiller en est convaincu : « On a voulu toucher l'intégrité de François Fillon au cœur de la machine, à savoir le directeur de campagne. » Il faut sauver le soldat Ciotti !

L'équipe se met à la recherche de témoignages d'adhérents qui ont voté, mais pas signé le registre. Il faut faire la preuve qu'il n'y a pas eu « d'électeurs fantômes ». « J'ai eu affaire à des bénévoles qui n'ont pas l'habitude de tenir des bureaux de vote, écrit Françoise, qui a voté ce jour-là dans le bureau incriminé. Ils étaient perdus, j'ai voté pour moi et pour la personne dont j'avais procuration. J'ai signé pour moi et je serais partie sans signer pour ma procuration si je n'avais pas rappelé à la personne en face de moi que j'en avais une. » L'électrice estime que « de nombreuses personnes n'ont pas signé pour leur procuration tant elles étaient pressées d'en finir avec cette attente interminable. Normalement, on vote et on signe juste après, or là ce n'était absolument pas le cas ».

Effectivement, si cette inattention du scrutateur s'est reproduite toute la journée, alors ce chiffre de 128 signatures manquantes trouve un début d'explication. Autre témoignage : celui de Georges, lui aussi électeur dans ce bureau numéro 1 de Nice. Il affirme n'avoir « à aucun moment été informé qu'il fallait signer trois fois : pour le président, les motions et la charte ».

Mais les copéistes n'en démordent pas : « Ils ont fraudé et c'est tout. » Et de citer en exemple les deux bureaux de vote installés à Paris dans le 16e arrondissement : « Comment vous expliquez que dans celui tenu par Claude Goasguen, copéiste, il n'y a aucune irrégularité ? Et que dans celui d'à côté, tenu par un filloniste, comme par hasard, on constate là aussi un écart entre les enveloppes et les signatures ? »

Retour dans les Alpes-Maritimes, où un autre bureau se trouve dans l'œil du cyclone : le numéro 3, celui de Christian Estrosi. Le matin, le maire de la ville fait le show devant le journaliste de TF1. Il galvanise ses troupes au sein même du bureau de vote. « De la retape, de la propagande pro-Fillon à quelques mètres seulement de l'urne ! C'est indigne », lâche la représentante de Jean-François Copé. Au bout de plusieurs minutes, elle se décide à intervenir. Sous l'œil des caméras, elle demande à l'ancien ministre de poursuivre son militantisme à l'extérieur. Christian Estrosi : « Madame, vous êtes ici sous mon autorité ! » L'image est désastreuse. À Paris, les conseillers de François Fillon s'inquiètent. « Faites taire Estrosi au plus vite ! » ordonnent-ils.

Le soir même, l'altercation est oubliée. Effacée là encore par plusieurs irrégularités enregistrées par l'huissier. Première d'entre elles : une différence entre le nombre d'enveloppes et le nombre d'émargements. Mais on est loin du « score » du bureau voisin. L'huissier ne relève « que » 29 voix d'écart.

Ce qui suscite le plus d'interrogations, c'est la réouverture du bureau après sa fermeture pour permettre le vote de nouveaux électeurs. Un témoin raconte : « Les urnes étaient refermées, sous la table, elles ont été ressorties pour faire plaisir à un VIP. » Sur le procès-verbal, le dernier votant est enregistré à 18 h 45. Le bureau est fermé à 19 h 15, puis rouvert 35 minutes après. Le représentant de Jean-François Copé sur place fait remonter à Paris l'information : « Les personnes qui n'ont pas pu voter sont allées chercher le chef de cabinet adjoint de Christian Estrosi. Il est venu faire pression. Et il a lui-même voté, muni d'une procuration en plus. » Fait encore plus troublant, l'huissier de justice, Maître Olivier Hyvert, constate qu'un « assesseur, dans le but de faciliter le vote des personnes amassées devant le bureau, récupère les enveloppes et les glisse lui-même dans les urnes ». Loin des règles démocratiques en vigueur. « Au final, ce qu'on a retenu, c'est le soupçon persistant sur les Alpes-Maritimes », se désole un membre de l'équipe Fillon.

Des procurations à la pelle

C'est une proportion avancée par les fillonistes dès le début des contestations : sur les 30 000 votes par procuration, environ 20 000 seraient en faveur de Jean-François Copé. L'équipe s'étonne : comment le député-maire de Meaux est-il parvenu à un tel chiffre ? « Je vous rappelle que c'est eux qui voulaient les procurations », se dédouanent les copéistes. Les procurations, autre enjeu majeur de cette élection. Elles ont été au cœur de la campagne des deux candidats.

L'entourage de François Fillon le comprend tardivement. Début novembre, le candidat adresse aux 300 000 adhérents de l'UMP un courrier de deux pages. À l'argumentaire est joint un formulaire. À renvoyer à une centrale nationale. « C'est leur première erreur, analyse un proche de Copé. Ça ne sert à rien de collecter les procurations comme ça. Parce qu'ensuite, il faut les redistribuer en circo et ça prend un temps fou. » Chez le challenger, c'est une autre stratégie qui est adoptée : des référents locaux sont nommés pour battre le rappel des troupes. « Le terrain, c'est le B.A.-BA d'une putain de campagne électorale, détaille un soutien. Nous, notre tactique, c'est un parrainage, une procuration, un bouche-à-oreille. On a eu 46 000 parrains. On leur a tous écrit pour leur demander d'aller chercher une procuration. Et de convaincre l'un de leurs amis de voter Copé. »

La veille du scrutin, discussion entre militants dans un café lillois. Autour d'une bière, plusieurs confient qu'ils ne pourront pas voter le lendemain. La flemme, une réunion de famille, l'indécision… Chacun a ses raisons. Dans la petite bande, un membre du bureau des Jeunes Populaires. Copéiste. Il sort de son sac un jeu de formulaires vierges : « J'en ai toujours sur moi, signe-moi ça et c'est réglé. » Et immortalise leur pièce d'identité avec l'appareil photo de son iPhone. Redoutable.

Autre exemple, en public celui-ci. Vendredi 16 novembre, au Carrousel du Louvre. Dernier meeting parisien de Jean-François Copé. Alors que tous les journalistes présents se pressent autour de Jean Sarkozy, la star de la soirée, une dame d'une quarantaine d'années s'approche lui et lance devant tout le monde : « Monsieur Sarkozy, j'ai recueilli 40 procurations à Neuilly, mais je ne sais pas à qui les donner. On en fait quoi ? » Sourire quasi général. « Ce n'est pas illégal », fait remarquer le staff Copé. « C'est juste moralement condamnable », rétorque la team Fillon. L'un de ses membres rapporte cette anecdote : « Un jeune a appelé de nombreuses personnes pour collecter des procurations. Il avait les fichiers. Il s'est fait passer pour un pro-Fillon alors qu'en réalité il soutenait Copé. C'est un hold-up ! ». Pas de quoi impressionner l'entourage du député-maire de Meaux qui s'esclaffe : « On ne va pas s'excuser d'avoir eu des militants malins de notre côté ? »

Au niveau local en tout cas, certains ne décolèrent pas. C'est le cas d'Éric Woerth. Le député de l'Oise, président de la fédération UMP, n'en revient toujours pas d'avoir collecté « deux fois moins de formulaires qu'Édouard Courtial alors qu'on a, à peu de chose près, le même nombre de militants dans nos circonscriptions respectives ». Édouard Courtial, secrétaire départemental de l'UMP Oise et codirecteur de campagne de Jean-François Copé.

Le département est coupé en deux, entre fillonistes et copéistes. L'entourage d'Éric Woerth se fait encore plus disert : « Le plus souvent, c'était des procurations en blanc. La personne vote pour celui qu'elle n'a pas soutenu sans le savoir. C'est à la fois plus subtil et plus énorme que du bourrage d'urnes. »

Du côté d'Édouard Courtial, on dément catégoriquement ces affirmations. L'un de ses amis locaux, Sébastien Chenu, explique : « Édouard, c'était une organisation militaire. Il a obtenu 200 procurations car il a ratissé chaque centimètre carré de sa circonscription. » Même explication du côté de Roger Karoutchi, l'autre codirecteur de campagne : « Édouard a pris son fichier adhérents, il a passé un coup de fil à chacun de ses militants. Un vrai job de secrétaire départemental. Comment je le sais ? Parce que quand il devait faire du phoning, il se faisait excuser et ne venait pas au comité stratégique ! » Vachard, Roger Karoutchi ajoute : « Vous voyez Éric Woerth faire ça ? Vous le voyez faire du porte à porte ? »

Et même Jean-François Copé prend parfois de son temps pour téléphoner aux jeunes qui militent à ses côtés. Un responsable départemental, esseulé dans une fédération plutôt filloniste, raconte : « Vous vous rendez compte, Copé m'a appelé lui-même sur mon portable ! Il m'a dit que je faisais un super boulot et qu'il ne fallait rien lâcher et ne pas écouter les sondages qui ne veulent rien dire. Il était au courant de la manif que j'ai organisée l'autre jour. » Être appelé par le candidat lui-même. Plus efficace que la potion magique d'Astérix pour booster le militant.

Nora Berra, ancienne ministre de Fillon, ne mâche pas ses mots contre cette méthode : « C'est inadmissible ! Il est certes candidat, mais en tant que secrétaire général, il est aussi leur responsable hiérarchique. » L'entourage de François Fillon est aussi convaincu qu'il y a eu triche sur les procurations : « Vous avez vu les taux hallucinants ? 45 % à Ajaccio ! 20 % dans certains arrondissements copéistes de Paris ! » Qui dit mieux ? Les copéistes. Ils affirment en retour que le taux le plus élevé se trouve dans un bureau remporté par l'ancien Premier ministre. Le bureau numéro 4 de Meurthe-et-Moselle. « 32 voix d'avance pour notre adversaire. 207 inscrits. 97 votants. 57 procurations. Ça n'alerte personne ? » En clair : plus de procurations que de votants physiques. Un taux qui dépasse les 50 %. Théoriquement impossible puisque chaque adhérent n'a le droit qu'à une délégation de vote. « Ça prouve ce que l'on dit, renchérit l'un des conseillers juridiques de l'ancien Premier ministre. Dans plusieurs régions, il n'y a eu aucun contrôle pour vérifier que les gens ne portaient qu'une seule procuration. C'est un fait qui justifie en lui-même l'annulation du scrutin. »

D'autres dans l'équipe Fillon reconnaissent n'avoir pas été bons sur la collecte de formulaires. Un communicant explique : « L'erreur de Fillon c'est d'avoir délégué ce travail à Pécresse et

Wauquiez. Ça n'a pas du tout le même impact. Et pire que tout, c'est dévastateur pour les élus. » C'est le moins que l'on puisse dire. Au sein du conseil municipal de Beauvais, pourtant dirigé par la filloniste Caroline Cayeux, certains disent avoir choisi Copé précisément pour ces raisons-là : « Quand on n'est pas dans son champ politique, on n'existe pas pour Fillon. Il ne traite pas les élus. » Un ancien ministre le raconte : « J'ai exigé qu'il m'appelle avant d'annoncer mon ralliement. J'ai été dans son gouvernement tout de même ! »

Un conseiller du député de Paris l'admet : « En face ils étaient pro, voilà tout. À un moment, on a l'impression que François découvre la politique ! Cette campagne c'était un peu les Bisounours contre les Rapetou. » Le même ajoute : « La lettre aux adhérents, ça nous a coûté bonbon pour un retour sur investissement assez décevant. » Officiellement, l'opération de communication s'est chiffrée à 150 000 euros. « Beaucoup plus ! » avance un parlementaire copéiste. « Comptez 60 centimes d'euro par lettre pour le timbre, hors coût de fabrication du courrier et du formulaire de procuration. Imprimé en quadri, qui plus est. Ajoutez à cela le prix de l'enveloppe. On doit pouvoir arriver à un euro par courrier. Avec quel argent ? » Autour du maire de Meaux, on s'étonne aussi de la plateforme d'appel mise en place par leur rival. Un système qui permettait d'envoyer des SMS groupés aux militants, pour les convier à une réunion publique par exemple. « Est-ce à dire qu'ils ont confié un fichier politique, un listing des adhérents, à une entreprise privée ? »

À deux jours du scrutin, François Fillon fait envoyer par cette centrale un texto pour rappeler que les sondages le donnent favori. À l'UMP, Jérôme Lavrilleux s'exclame : « Qui est le génie qui a fait ça ? Qu'on lui fasse faire une carte d'honneur de Génération France [1] ! » Le directeur de cabinet de Copé y voit l'occasion de jouer un mauvais tour à l'adversaire. Lui aussi peut faire un envoi massif ! « Vous êtes indigné par le SMS sondage que vous venez de recevoir ? Tel au 09...... 05 et dites stop aux attaques. » En quelques secondes, le message est envoyé à tous les militants. Nombre d'entre eux appellent le numéro indiqué... jusqu'à saturer la ligne ! Jérôme Lavrilleux jubile : « On a fait sauter leur plateforme à deux jours du vote. » « Ils ont fait ça avec les moyens du parti », grommelle un soutien de François Fillon.

Une double casquette qui pose question

C'est le rituel du mercredi matin. Le ciel parisien s'est paré de son plus beau gris, celui qui augure d'une averse à venir dans les heures qui suivent. Il s'agit bien de météo et non de politique, bien que l'ambiance soit aussi orageuse à l'intérieur de l'Assemblée nationale. Des dizaines et dizaines de

1. Le *think tank* de Jean-François Copé.

secrétaires nationaux, députés, anciens ministres UMP ont rendez-vous pour le traditionnel Bureau Politique. Qu'il est loin le temps où le groupe siégeait dans la prestigieuse salle Colbert ! Depuis la défaite aux législatives, il faut se contenter d'une salle au sous-sol, beaucoup moins agréable. C'est ainsi. Comme chaque semaine, c'est Jean-François Copé qui préside la séance, entouré de ses bras droits, Jean-Pierre Raffarin, Marc-Philippe Daubresse et Hervé Novelli. Les soutiens de François Fillon s'agacent de plus en plus de voir Copé faire son show chaque semaine. Désormais candidat, il continue à jouir des avantages du secrétariat général. Heureusement, il n'en a plus pour longtemps… Les premiers sondages sont formels : la victoire de leur champion est quasi certaine. Certains osent tout de même la question : peut-on être à la fois juge et partie ? Peut-on diriger l'appareil et être en même temps candidat ? « Même Martine Aubry au PS n'a pas osé ! » raille Nora Berra. De son côté, Jean-François Copé a une réponse toute prête. Imparable. A-t-on demandé à Nicolas Sarkozy de quitter l'Élysée le jour où il a annoncé sa candidature à un deuxième mandat ? L'argument est maintes fois répété en Bureau Politique. Copé ne lâche pas, Fillon et ses amis finissent par abandonner. « Laissons-le faire son malin, dans deux mois il débute sa traversée du désert », pensent bon nombre de fillonistes, bien sûrs d'eux. Erreur.

« Sur le secrétariat général, on aurait dû pilonner matin, midi et soir ! L'excès de confiance nous a tués, peste aujourd'hui une petite main du staff de Fillon. On s'est dit que si on gagnait à 55 % au lieu de 60 %, ce n'était pas dramatique. » « On n'a pas assez insisté sur la double casquette de Copé, on s'est laissé avoir comme des bleus », soupire un conseiller de l'ombre. Des regrets, beaucoup de regrets. « Fillon a reconnu en petit comité qu'il aurait dû en faire plus. Son problème, c'est que c'est "monsieur J'aurais dû". » Un sage de l'UMP trouve les mots pour le dédouaner : « Certes, il n'a pas mené les combats qu'il aurait dû mener pour s'assurer de la transparence du scrutin. Sans doute à cause de cette petite musique des sondages qui vient conforter l'idée qu'il va gagner. Mais il n'est pas seul responsable. Son seul tort, c'est d'avoir été mou à contester les faits accomplis que Copé installait. »

Certains salariés de l'UMP vivent le malaise au quotidien. David Biroste, par exemple, responsable des affaires juridiques. Recruté par Xavier Bertrand, il assure le secrétariat de la COCOE. Le collaborateur est débarqué en pleine campagne. À l'époque, seul *Libération* [1] s'en fait l'écho. Le quotidien de gauche relate une dispute autour de l'utilisation du mot « sarkozyste » pour les motions. La Droite forte souhaite utiliser l'adjectif, David Biroste s'y oppose. Voilà pour l'explication officielle. L'entourage de Xavier Bertrand raconte une tout autre histoire. « David a été licencié parce qu'il avait pondu

1. « L'UMP licencie son responsable juridique en pleine campagne », Alain Auffray, *Libération*, 17 octobre 2012.

des notes où il s'étonnait de l'iniquité des moyens entre candidats. On lui a fait comprendre qu'il fallait qu'il arrête d'écrire. L'écrit, ça laisse des traces. Lui a continué. » Une version invérifiable puisque le principal intéressé refuse d'en parler publiquement. « Vous pouvez comprendre, glisse l'un de ses amis. Ce ne serait pas forcément opportun vu qu'il est toujours en recherche d'emploi. » Autre départ précipité : celui de Christophe Laroche, responsable de l'informatique. En congé maladie la semaine précédant le scrutin, il démissionne deux jours avant que la crise n'éclate au grand jour.

Dix jours plus tard, c'est le trésorier, Dominique Dord, qui claque la porte de son bureau. Un soutien de François Fillon lâche, dépité : « Le faire démissionner après la campagne, riche idée ! Une fois de plus, on vient pleurer trop tard. Et c'est une double erreur parce qu'en politique, on n'aime pas les pleureuses, on aime les cogneurs. » Contrairement aux deux autres, Dominique Dord vide son sac en public. Et dénonce un « mélange des genres effarant » et des « moyens de communication du parti mobilisés au seul profit » de Jean-François Copé. Selon lui, la prise en charge des salaires de son équipe pendant les quatre mois de campagne a coûté 200 000 euros à l'UMP ! Des critiques qui irritent autour du maire de Meaux. Un conseiller s'énerve : « En tant que secrétaire général, et si on s'arrête à une stricte application de la loi, JFC avait parfaitement le droit de continuer à disposer de son bureau à l'UMP par exemple. Un parti est une association et c'est cette réglementation-là qui prévaut. » Le ton devient menaçant quand le même rappelle les doubles casquettes des élus qui entouraient Fillon : « Je vous signale qu'en revanche, il est strictement interdit d'utiliser de l'argent public, l'argent d'une collectivité par exemple, pour mener une campagne. » Accusation à demi-mot sans davantage de précisions.

Chez Fillon, on n'en démord pas : « On s'est laissé faire bêtement. À 77 000 voix, Copé est au max. Nous, on aurait dû faire 20 000 de plus. » Un député copéiste résume la situation : « Fillon n'a pas perdu parce qu'il y a eu de la triche, il a perdu parce qu'il était en décalage total avec les militants. » Peu osent le reconnaître dans l'équipe de l'ancien Premier ministre, mais l'un de ses fidèles se laisse aller un soir de décembre : « On sait très bien qu'ils n'ont pas triché chez Copé. Ils ont juste poussé les règles au maximum. »

Acte 2

Vingt-six heures chrono

Le champagne est déjà au frais. Il est encore tôt pour le sabler. Mais cela ne devrait plus tarder. Amassée au huitième étage de l'UMP, celui de la direction, l'équipe de Jean-François Copé n'en croit pas ses yeux. Ses oreilles plutôt. Le scrutin est clos depuis deux heures à peine, mais tous les chiffres qui lui sont communiqués en attestent : « JFC » est en train de remporter l'élection interne. À soixante kilomètres de là, le directeur de cabinet de la mairie de Meaux, Édouard Pasquelin, est retranché avec des militants. Lui aussi passe des coups de fil. Au fur et à mesure du dépouillement, il centralise des résultats qu'il croise avec ceux que reçoit Jérôme Lavrilleux. Tout concorde. Au téléphone, les deux hommes n'en reviennent pas : « Soit il y a une erreur, soit on va gagner l'élection. »

Boulevard de la Tour-Maubourg à Paris, les soutiens de François Fillon oscillent entre soulagement et inquiétude. Tout au long de la soirée, ils ont vu les scores se resserrer entre l'ancien Premier ministre et son challenger. Désormais ils en ont sûrs : la victoire sera serrée. Les premières estimations circulent. Entre 200 et 1 000 voix d'avance pour leur candidat. « C'est sûr qu'on aurait préféré gagner avec un plus grand écart », lâche déjà un jeune militant. Soucieux, un conseiller pianote sur son portable. Auprès d'un ami, il s'inquiète de ce que les copéistes « essayent d'entacher la victoire de FF du soupçon de la fraude ».

Ses doutes sont confirmés dans les vingt minutes qui suivent. Dans le hall du 238, rue de Vaugirard, Marc-Philippe Daubresse et Roger Karoutchi improvisent une conférence de presse. « Nous allons saisir la COCOE pour des irrégularités dans la 1re circonscription des Alpes-Maritimes, annonce le premier. Si les irrégularités sont confirmées, nous demanderons d'annuler le scrutin dans ce bureau de vote. » Le maire de Lambersart ironise : « Sauf à ce qu'on soit aux noces de Cana et qu'on fasse la multiplication des petits pains, ça me semble difficile de pouvoir imaginer autre chose qu'une irrégularité. » Il fait référence à la différence manifeste entre le nombre d'enveloppes retrouvées dans l'urne et le nombre de signatures sur le cahier d'émargement. Jérôme Chartier, l'un des porte-parole de François Fillon, réplique en mettant en cause les résultats des Bouches-du-Rhône et de Toulouse. Un autre soutien commente : « C'est vraiment minable ce que font les copéistes. Ce sont des mauvais perdants qui veulent gâcher notre soirée. »

À 23 h 15, l'iPhone de Jérôme Lavrilleux vibre. Texto du camp d'en face : « On a gagné avec 224 voix. Fillon l'annonce dans dix minutes. » Suivi d'un second : « À partir de demain, tous UMP ? » Le directeur de cabinet de Jean-François Copé bloque sur le premier message. 224 voix d'avance pour Fillon ? Lui en est resté à 1 098 voix d'écart en faveur de son patron ! « On veut nous voler notre victoire », s'inquiète-t-il. Il garde un mauvais souvenir de la journée de remise des parrainages, deux mois auparavant. Alors que le camp Copé se targuait d'être soutenu par 30 000 militants, l'adversaire a feint de n'en avoir que 20 000 le matin… pour en déposer finalement 45 000 le soir ! Un coup d'éclat qualifié de « putsch » à l'époque par les amis du député-maire de Meaux. Et qui justifie selon eux que Copé prenne de vitesse son rival. « C'est habile, reconnaît un *spin doctor* impartial. Tactiquement, il crée un fait accompli en se proclamant et contraint le camp Fillon à démontrer que ce n'est pas vrai. Mais en ce qui concerne le putsch/contre-putsch, reconnaissez que l'argument est spécieux. Le premier est un coup médiatique. Le second est politique. Ça n'a pas les mêmes conséquences. »

Jérôme Lavrilleux traverse le huitième étage en courant. « Monsieur, il faut descendre annoncer que vous avez gagné, dicte-t-il à Copé. Tout de suite. Sinon on va se faire avoir. » Copé suit le conseil de son directeur de cabinet. Il investit la salle de presse avec l'ensemble de ses soutiens, et son épouse, Nadia. Et déclame : « Mes chers amis, les militants et les militantes de l'UMP viennent de m'accorder la majorité de leurs suffrages. » Était-ce une erreur ? Assurément, juge un parlementaire resté neutre jusqu'au bout : « À ce moment, tout le monde bluffe. Dans les deux camps. Les candidats auraient dû s'appeler et convenir de ne rien dire avant le résultat de la COCOE. » Facile à dire avec du recul. Plus difficile à faire dans le feu de l'action.

Avenue de la Tour-Maubourg, les pro-Fillon sont médusés : « Quel culot ! » L'entourage du député de Paris inonde la presse de textos : « Ne vous laissez pas intoxiquer. C'est un coup d'État médiatique. » Devant sa télévision, un député s'étrangle : « Copé qui se voulait respectueux des statuts pendant toute la campagne s'assoit allègrement dessus ! C'est à la COCOE d'annoncer le vainqueur, pas à lui de se proclamer comme un dictateur africain. » Il faut préparer la riposte. Igor Mitrofanoff, plume de l'ancien Premier ministre, rédige quelques mots. Prononcés quinze minutes plus tard par un François Fillon manifestement déboussolé de la tournure prise par les événements : « Nous avons remonté tous les résultats. Ces résultats me donnent une courte victoire de 224 voix. » Il a été convenu de ne pas revendiquer la victoire et de s'en remettre à la commission des opérations électorales qui continue de siéger. Laurent Wauquiez vient tout juste d'y arriver.

« Elle était hors d'elle »

« Non mais on ne peut pas travailler là. C'est quoi ces conditions ? » C'est passablement agacé que Laurent Wauquiez prend place autour de la table. Dans la salle, il y a déjà Patrice Gélard, le sénateur qui préside la COCOE. Des permanents de l'UMP qui l'assistent. Jérôme Lavrilleux, Michèle Tabarot et Roger Karoutchi, pour veiller aux intérêts de Jean-François Copé. Et devant la porte : Valérie Debord, Franck Riester, Sébastien Huyghe... et tous les collaborateurs du président proclamé de l'UMP ! Un soutien de François Fillon reconnaît qu'avoir été en infériorité numérique ce soir-là n'a pas aidé : « On aurait dû demander nous aussi un bureau au siège. Ne serait-ce que pour avoir les mêmes conditions matérielles. » Ceux qui accompagnent les représentants fillonistes sont condamnés à passer la soirée – et bientôt la nuit – sur une chaise à l'entrée de la salle. Parmi eux : l'époux de Valérie Pécresse ainsi que la femme de Laurent Wauquiez. « Vous avez vu ? Il y a maman et papa Pécresse, maman et papa Wauquiez », raille le camp Copé. Il y aussi Christian Estrosi, Éric Ciotti, l'ancienne ministre de l'Outre-mer Marie-Luce Penchard et Jérôme Peyrat, un élu de Dordogne. Bientôt rejoints par Jérôme Chartier, Jean-François Lamour et une pléiade de collaborateurs. L'un d'eux explique : « On a fini par mettre plus de monde à la COCOE. Pour dire qu'on ne lâchait rien. »

Forte de sa supériorité numérique, l'équipe du député-maire de Meaux décide de pousser son avantage au maximum. Roger Karoutchi s'amuse : « Notre rôle avec Jérôme Lavrilleux, c'est de dire non. » Objectif : excéder les représentants du camp d'en face. Le duo ne laisse rien passer, discute le moindre point. La moindre irrégularité. Laurent Wauquiez s'emporte régulièrement. Contre les permanents du parti. Contre ses adversaires. Contre ses amis aussi. Éric Ciotti conteste les résultats dans les Bouches-du-Rhône. Le directeur de campagne de François Fillon y a constaté « un écart de neuf voix ». « Par bureau de vote ? » s'inquiète-t-on côté Copé. « Non, sur tout le département », précise Ciotti. « Alors c'est d'accord pour nous, reprend Jérôme Lavrilleux. On annule les voix. Mais on est bien d'accord que la décision fait jurisprudence ? » Laurent Wauquiez est furieux. Car après les Bouches-du-Rhône, c'est le dossier des Alpes-Maritimes qui est examiné. Le directeur de cabinet de Jean-François Copé attaque d'emblée : « Vous vous souvenez de ce qu'on vient de dire sur les lieux où il y a des irrégularités ? Donc voilà : on demande l'annulation du bureau 1. » Le bureau 1 est celui d'Éric Ciotti, où le nombre d'enveloppes et le nombre d'émargements ne correspondent pas. L'écart constaté est de 128. Éric Ciotti n'a d'autre choix que d'acquiescer. Dans la foulée, Michèle Tabarot plaide pour l'annulation du bureau 3. Celui de Christian Estrosi. La députée évoque des « procurations litigieuses. » À l'appui de sa démonstration : des photographies[1] de signatures non

1. Des photographies que les auteurs de ce livre ont pu consulter.

conformes entre la pièce d'identité et les procurations. « Au national, on en a 516 comme ça », avance Jérôme Lavrilleux.

À intervalles réguliers, des soutiens de François Fillon descendent abreuver les journalistes d'informations. « Là on est à un peu moins de 2 000 d'avance, c'est bon signe ! » Au deuxième étage, le compteur de voix s'affole pour l'ancien Premier ministre. Jérôme Lavrilleux s'en inquiète. Son équipe se serait-elle trompée dans les calculs ? Roger Karoutchi lui fait remarquer qu'un certain nombre de départements sont « bloqués » par Laurent Wauquiez. Le sénateur explique : « Il avait mis toute une pile de côté. Comme par hasard, les fédérations qui nous sont favorables. La Seine-et-Marne, le Nord, l'Oise… » Roger Karoutchi en alerte le président de la COCOE : « Monsieur le doyen, ce n'est pas raisonnable. Dites-lui de relâcher ces dossiers ! » Message transmis par Patrice Gélard à Laurent Wauquiez qui lui oppose un refus poli : « Non, nous avons des réclamations à faire. » Roger Karoutchi s'énerve. Demande des preuves : « Des soupçons ne suffisent pas, si tu as des choses à montrer, vas-y ! » « Et on a attendu comme ça plus de quatre heures », relate le sénateur.

Jérôme Lavrilleux aussi finit par perdre patience : « Bon, c'est bon là, arrête ton cinéma ! » Laurent Wauquiez part au quart de tour : « Tu ne peux pas me parler comme ça, je suis un élu de la nation ! » « Moi aussi je suis un élu », répond du tac-au-tac celui qui siège au conseil général de l'Aisne.

A posteriori, Laurent Wauquiez ne se souvient pas avoir perdu ses nerfs. « Franchement, j'étais l'un des plus calmes », dit-il dans un sourire. L'ancien ministre reconnaît avoir bloqué certains dossiers. « Simplement parce qu'il y avait des choses intolérables, justifie-t-il. Vous vous rendez compte qu'au départ, aucun des procès-verbaux ne sont contresignés ? En gros, soit il y a la signature de nos observateurs mais pas celle des copéistes, soit l'inverse. Pour un PV sur trois, le nombre de votants est faux. Et là je vous parle des PV qu'on avait réussi à récupérer … Celui de l'Oise par exemple, il a mis vingt-six heures à parvenir à la COCOE ! »

Valérie Pécresse n'est pas en reste. Elle voit lui échapper le secrétariat général de l'UMP, elle qui n'avait jamais envisagé la défaite. L'un de ses amis le confirme : « La veille encore, elle disait qu'on ferait au pire 55 %. Alors quand elle voit venir la débâcle, elle essaye de trouver toutes les échappatoires possibles. » La numéro 2 de François Fillon s'en prend aux membres de la COCOE qui ont publiquement pris position pour Copé. Comme l'ancienne députée Isabelle Vasseur : « C'est un scandale que tu oses te montrer ici ! Tu n'as pas honte ? » Un témoin certifie que « Valérie Pécresse a été odieuse. Au point de faire craquer Isabelle, qui est sortie en larmes. » Pour ne rien oublier, la principale intéressée a tout consigné sur un carnet. « Ce qui s'est passé ce soir-là est grave, explique-t-elle, encore émue, des semaines après. Je n'ai pas aimé être mise en cause dans mon intégrité. Dans la vie, au travail, on peut avoir une position personnelle et rester neutre quand l'intérêt le commande. » Et n'allez pas lui parler de fatigue ! Pour elle, ce n'est en rien une excuse : « Nous étions tous épuisés. » Elle ajoute : « C'est dans les situations de crise que les tempéraments se révèlent. Au cours de ces heures, on a vu qui a les reins solides. Et qui ne les a pas. » Ainsi, Valérie Pécresse ferait partie de la seconde catégorie. Un jugement hâtif et injuste pour ses proches : « D'abord, elle n'avait pas complètement tort sur l'intégrité. L'histoire lui a d'ailleurs donné raison puisque, après son intervention, Isabelle Vasseur a renoncé à siéger à la Commission des recours. Ensuite, Valérie n'a pas été insultante. Elle a juste été ferme. » Un ami de la députée des Yvelines rappelle qu'en outre, l'enjeu était de taille pour elle : « Valérie savait qu'elle était dans le viseur de Copé. Qu'elle serait la première victime s'il devenait président. C'est elle qui a le plus à perdre dans cette affaire. » Les mêmes s'inquiètent désormais que l'ancienne ministre soit sacrifiée sur l'autel du rassemblement. Et s'en prennent à Laurent Wauquiez : « Il a bien manœuvré, il a été très bon à la COCOE, mais publiquement et médiatiquement, il ne s'est jamais mouillé, pas comme Valérie. C'est un peu facile de ne prendre aucun coup et d'aller ensuite se vendre chez Copé. » Le théâtre de la politique est cruel.

Un soviétologue à la COCOE

Jusqu'au 18 novembre, c'était un parfait inconnu. « Je crois ne lui avoir jamais véritablement parlé avant », abonde Roger Karoutchi, qui le croise pourtant régulièrement dans les couloirs du Sénat. Lui ? Patrice Gélard, président de la COCOE. Un petit bonhomme rond, au crâne légèrement dégarni, le nez chaussé d'une paire de lunettes carrées avec monture en acétate marron. Le menton rentré dans les épaules, comme trahissant un souci de discrétion poussé à l'extrême. « Je vous le confirme, sourit l'un de ses anciens collaborateurs au Sénat. Tel que je le connais, il a dû très mal vivre sa médiatisation forcée. D'abord parce qu'il déteste le conflit. Ensuite parce que c'est sa probité qui est attaquée. » Un soutien de François Fillon abonde dans son sens : « Gélard, ce n'est pas un magouilleur. Son problème, c'est que c'est un bon petit soldat. Il est légitimiste. » L'homme collectionne les figurines de plomb. Écrit des polars, le genre qu'il affectionne plus que tout. Se passionne pour l'URSS. Polyglotte, il a une grande connaissance de la géopolitique et enseigne le droit constitutionnel à l'université du Havre et de Rouen. Ses élèves sont laudateurs : « C'est l'un des meilleurs profs que j'ai eus. Voire le meilleur. Capable de développer des raisonnements complexes de manière intelligible et sans notes ! Intellectuellement, il est très très bon. » Maître Guillaume Bestaux, avocat au barreau de Rouen, corrobore ces propos : « C'était un professeur intéressant, sachant capter l'attention de ses étudiants. Pour l'anecdote, il arborait en hiver une magnifique chapka russe et il ne cachait pas son intérêt pour la Russie, ses institutions et sa culture. Je ne doute pas de sa parfaite honnêteté et de sa sincérité en tant que président de la COCOE [1]. »

« Gélard ? Très bon juriste, très mauvais politique ! » tranche un filloniste. L'entourage de l'ancien Premier ministre en est convaincu : si le casting des représentants à la COCOE avait été davantage soigné, le résultat aurait été différent. Certes, il y avait Charlotte Wauquiez, femme de Laurent et administratrice au Sénat. « C'est aussi la supérieure hiérarchique de la fille de Gélard », glisse un jeune soutien de Copé, comme pour suggérer qu'il y avait là une tentative de faire pression sur la commission électorale. « Oui, Charlotte y était, concède un ami du couple. Mais ça ne sert à rien de polémiquer : elle a accompagné son mari parce qu'initialement, ça ne devait pas durer aussi longtemps. Ça a beaucoup affecté Laurent que son épouse soit mise en cause. Les attaques personnelles, ça ne grandit pas la politique. » Pas de controverse, mais la certitude d'être passé à côté de quelque chose. De n'avoir pas « traité » en amont le cas du doyen.

« On a mal joué, admet un conseiller. Patrice Gélard est un honnête homme, mais sa matrice idéologique, c'est RPR et Sénat. » Un chiraquien

1. *76actu*, 22 novembre 2012.

entré au Palais du Luxembourg en 1995. Constamment reconduit depuis. En 2004, il échoue à se faire élire à la commission des Lois. Il est déçu, mais rentre dans le rang aussitôt que des rapports parlementaires lui sont confiés. Un parlementaire signe ce jugement définitif : « Il a la culture du chef, un point c'est tout. » Autrement dit : Patrice Gélard ne pouvait pas aller contre Jean-François Copé, un candidat soutenu par des sénateurs qui comptent, comme Jean-Pierre Raffarin et Jean-Claude Gaudin. Et que dire de Roger Karoutchi, ex-RPR, qui fut aussi ministre chargé des relations avec le Parlement ! Sa présence au deuxième étage de l'UMP aurait pesé. Un soutien de François Fillon déplore l'amateurisme de son camp : « On avait les moyens d'envoyer un profil similaire, comme Gérard Larcher, ou Henri de Raincourt, qui a le même pedigree, qui a été ministre lui aussi ! » L'explication ne convainc pas Roger Karoutchi : « Mais arrêtez ! Gélard et moi, on n'a pas le même âge, on ne vient pas de la même région, on ne siège pas dans la même commission. Je n'ai aucune emprise sur lui ! »

Tout au long de la soirée, Patrice Gélard fait preuve d'une indépendance et d'un sang-froid qui en agacent plus d'un. Quand les discussions s'enlisent, il sort de sa poche un livre. Un roman policier, bien sûr. Son titre ? L'Exécuteur. Faut-il y voir une note d'humour ? Ou de la désinvolture ? Ni l'un ni l'autre, selon l'un de ses anciens collaborateurs : « De sa part, je ne pense pas que ce soit du foutage de gueule. Plutôt une façon d'occuper l'attente. » Ce n'est pas la première fois que le sénateur est pris la main dans le sac. Un habitué du Palais du Luxembourg jure l'avoir vu remplir une grille de sudoku au sein même de l'hémicycle. La dernière fois que c'est arrivé ? Patrice Gélard était le rapporteur du texte qui était débattu.

Le petit jeu des copéistes

La journée a été longue. Beaucoup sont levés depuis l'aurore. Autour de la table, les bâillements se font de plus en plus nombreux. Certains commencent à se frotter les yeux. Les procès-verbaux remontent lentement. Trop lentement au goût des copéistes. Beaucoup de présidents de bureau sont rentrés chez eux se coucher après avoir communiqué leurs résultats par téléphone aux cadres du parti. Le guide électoral était pourtant très clair : il fallait les envoyer par fax ou par mail. Michèle Tabarot sollicite la clémence : « Ce sont des bénévoles. Ils ont déjà consacré toute leur journée à ce vote. » La députée-maire du Cannet fait partie de ceux qui prônent une levée de séance. « On n'arrive plus à avoir personne au téléphone, plaide-t-elle. On a essayé d'en contacter certains sur leur fixe, mais là, ça devient un peu indécent d'appeler compte tenu de l'heure. » L'argument fait mouche auprès des copéistes. Les fillonistes, eux, s'opposent à toute interruption des discussions. L'un d'eux en atteste : « On ne voulait pas parce qu'il y avait ce doute que les PV soient “corrigés” pendant la nuit ou que des pièces disparaissent. » Une méfiance extrême, malgré la présence d’huissiers de justice et d’avocats.

Pour les pousser à bout, Jérôme Lavrilleux sifflote. Chantonne. Tapote avec ses mains contre la table. « Il était dans la provocation permanente », raconte un témoin. Roger Karoutchi lui fait la lecture de *Version Femina*, le magazine vendu en supplément du *Journal du Dimanche*. « C’est quoi déjà ton horoscope, Laurent ? » lance-t-il. Wauquiez lui répond : « Bélier ». « Je ne veux pas te miner le moral, mais là, les astres ne prédisent rien de bon pour toi », plaisante Karoutchi. Puis, se tournant vers Michèle Tabarot : « Et toi, Michèle, c’est quoi ton signe ? » Réponse amusée : « Moi je suis Balance. » Roger Karoutchi reprend : « Alors je crois qu’on peut lever le camp. Parce que l’horoscope dit qu’il va y avoir des avancées majeures pour toi sur le plan personnel et professionnel. » Un côté de la table s’esclaffe. L’autre est dépité.

À minuit, Patrice Gélard prévient la troupe : « Si à 2 heures on n’a pas les résultats, on lève et on se retrouve demain. » Panique dans les rangs fillonistes. « On continue », lâche Laurent Wauquiez. Le président de la commission est en boucle. Toutes les dix minutes, il répète : « Bon ben on va clôturer, là. » Le très copéiste Sébastien Huyghe en rajoute : « Ah oui, on va clôturer, parce que là on n’avance plus, hein. » Le cirque dure pendant des heures. Ce qui a le don de prodigieusement agacer les représentants de l'ancien Premier ministre. « Ah bon, ça les a énervés ? Ce n'était pas fait exprès », sourit Sébastien Huyghe.

Il est un peu moins de 3 heures. Le dénouement semble proche. Du moins selon l'entourage de Copé. Le rythme des allers-retours entre le deuxième étage et le rez-de-chaussée s'est accéléré. « On va lever, c'est imminent », expliquent des conseillers à la poignée de journalistes encore présente. Un huissier de justice le certifie : « On n'aura pas fini cette nuit. Les assesseurs dorment. On reprendra lundi matin. » Il faut le dire vite. Car les fillonistes ne veulent rien entendre. Discrètement, l'un d'eux vient de signaler à François Fillon ce qui se trame… et le convainc de venir en personne persuader Patrice Gélard de poursuivre les travaux ! L'ancien Premier ministre enfile à la hâte un costume sombre. Réveille l'un de ses proches et le charge de constituer une équipe pour l'accompagner au 238, rue de Vaugirard. En vingt minutes, c'est chose faite.

« Bon, j'espère qu'ils diront tout de même un mot aux caméras avant de partir. » Réflexion d'un journaliste fatigué d'entamer sa 24e heure d'affilée au siège de l'UMP. Les derniers coups de téléphone sont passés aux rédactions. On entend des : « Pour le duplex demain, fais un lancement neutre ». Du genre : « Folle nuit, mais toujours pas de fumée blanche ? » Ou encore : « Je dors sur place pour être opérationnel très tôt. Comme ça, je vous fais la matinale. » Les télévisions se sont postées face aux ascenseurs qui ornent le hall blanc, froid, presque clinique de l'UMP. Surtout ne pas rater la dernière image de Patrice Gélard qui quitte les locaux. Arracher deux ou trois mots avant de lever les voiles. Quand soudain, un cri : « Putain, il y a François Fillon ! » Il est 3 h 10 et l'ancien Premier ministre fait irruption, entouré d'une dizaine de jeunes. Les visages fermés. La troupe s'engouffre dans les escaliers sans un mot pour les journalistes.

« *Vous ne m'impressionnez pas* »

« Va réveiller Jean-François. » Jérôme Lavrilleux hésite. Il sait que Roger Karoutchi a raison de vouloir prévenir le candidat. Mais doit-il passer son coup de fil depuis la COCOE ou sortir de la salle ? S'il sort, n'y a-t-il pas un risque à laisser ses amis seuls avec François Fillon et Patrice Gélard ? Roger Karoutchi le rassure : « Ne t'inquiète pas. Je ferai l'affaire, va, pendant deux minutes. » Le directeur de cabinet s'éclipse. Revient aussitôt. Rien ne sert de réveiller le patron. Il faut qu'il se repose pour avoir les idées claires le lendemain. *A posteriori*, un conseiller ajoute : « Et puis on ne voulait pas qu'on puisse dire que JFC a essayé d'impressionner les membres de la COCOE. »

François Fillon prend la parole. En fixant Patrice Gélard : « Il faut que vous annonciez quelque chose. » Le ton grave, le député de Paris poursuit :

« Vous vous rendez bien compte de ce qui est en train de se passer ? C'est l'explosion, le suicide d'un parti en direct. » Dans la pièce, on entendrait les mouches voler. Jérôme Lavrilleux est dans un état second. Quasiment en transe. Ce n'est pas tant la présence de François Fillon qui le met hors de lui, que celle d'une horde de collaborateurs. L'un de ses amis le confirme : « Débarquer, comme ça, avec ses sbires… C'est quoi cette manière de faire ? » Ainsi, quand Fillon entre dans la pièce, tous se lèvent, sauf Jérôme Lavrilleux. Il reste assis et tend péniblement le bras pour serrer la main de son rival. Le voilà désormais qui le prend à partie : « Je conteste votre présence. Et je tiens à dire pour que ce soit inscrit au PV : votre présence ici est une façon de faire pression sur la commission. » François Fillon est piqué au vif. De quel droit « le salarié de l'UMP » – c'est ainsi qu'il le désigne en privé – se permet-il de s'adresser à lui de cette façon ? L'ancien Premier ministre le lui fait comprendre : « Vous savez qui je suis ? » « Oui et vous ne m'impressionnez pas », claque sèchement Jérôme Lavrilleux.

Fillon est scié par tant de culot. Mais ne se laisse pas détourner de son but : comprendre pourquoi l'UMP est incapable d'annoncer de manière claire le vainqueur de l'élection. Comment se fait-il que les présidents de bureau de vote n'aient pas envoyé les procès-verbaux ? La consigne était pourtant limpide. Pourquoi n'a-t-elle pas été respectée ? Michèle Tabarot reprend ses explications. Roger Karoutchi en rajoute : « Attention François. Tu es en train de dire des choses graves contre les militants. Parce que les gens qui ont consacré leur journée à tenir les bureaux et remplir les PV, ils sont tous bénévoles. Et ils l'ont fait de bon cœur. Tu n'as pas le droit de les mettre en cause. » Nouvelle provocation de Jérôme Lavrilleux : « Je tiens à signaler à cet égard que nous n'avons toujours pas eu les procès-verbaux de la Sarthe. » La Sarthe, ancien fief de François Fillon. Michèle Tabarot saisit la balle au bond. « Nous n'avons pas non plus ceux des Alpes-Maritimes », ajoute-t-elle en fixant Éric Ciotti.

Au bout de trois quarts d'heure, les négociations n'ont pas avancé d'un iota. Il faut lever l'ancre. François Fillon quitte la salle avec, dans son sillage, l'ensemble de ses conseillers et représentants. Dans le hall, la poignée de journalistes est redevenue une meute. Nouvelles caméras, nouveaux micros. Les collègues ont tous été prévenus. En redescendant l'escalier, François Fillon improvise un point presse. « Extrêmement choqué », il dénonce le « dysfonctionnement majeur » d'une formation politique incapable de donner un résultat plus de dix heures après la fin du scrutin. Avant de quitter le siège du parti, le député de Paris prévient que « personne ne peut encore se prévaloir d'être élu président de l'UMP ».

Aussitôt Fillon parti, les copéistes prennent le relais. Au bord du craquage nerveux, ils annoncent qu'ils vont demander l'annulation de quatre bureaux de vote. La nuit va être courte de part et d'autre.

Michèle Tabarot et Valérie Pécresse doivent se retrouver dans quatre heures à peine pour un face-à-face dans le studio d'Europe 1. À 10 heures, reprise des travaux de la COCOE. Patrice Gélard vient de l'annoncer. Avant de rejoindre son lit, le doyen de la commission électorale annonce qu'à ce stade, il manque toujours une bonne moitié des procès-verbaux. « Et les chiffres sont trop proches l'un de l'autre », fait-il valoir. En conséquence, aucun résultat ne peut être proclamé. Roger Karoutchi en profite pour réclamer qu'une nouvelle règle soit établie : la limitation du nombre de représentants de chaque candidat. « Pour ne pas revivre le sketch de ce soir », justifie-t-il. Requête accordée de bon cœur par Patrice Gélard. Désormais, chaque équipe aura un nombre limité de laissez-passer.

Sauver les apparences

Petit crochet par les matinales de radio avant de se retrouver autour de la table de la COCOE. Sur Europe 1, Nadine Morano avance que François Fillon « a de toute façon perdu ». « Nous n'accepterons pas de nous faire voler ces résultats », lui rétorque Éric Ciotti. Quelques minutes plus tard, Michèle Tabarot et Valérie Pécresse manquent de se sauter à la gorge. « Je ne comprends pas pourquoi monsieur Copé s'est précipité pour annoncer une victoire corroborée par aucun chiffre officiel », dénonce l'ex-ministre. « Monsieur Copé », comme pour mieux marquer la rupture manifeste avec celui qu'elle fréquentait pourtant l'année précédente, du temps des « Mousquetaires [1] ». Michèle Tabarot ne se laisse pas faire et surenchérit : « Merci Valérie, je sais que tu es fatiguée, que tu n'as pas dormi. » Après l'interview, dans les couloirs de la station, elles s'adressent à peine la parole. Ambiance glaciale. Un journaliste en témoigne : « C'était carrément la Sibérie. »

Retour au 238, rue de Vaugirard. Les équipes sont mieux organisées que la veille. Dans chaque camp, des représentants se relayent. « Pour se ménager, pour gérer la fatigue, la faim », explique un soutien de Jean-François Copé. Malgré tout, la confusion règne toute la journée. Chacun continue à revendiquer sa victoire. « L'avance de Copé s'est accrue », assure Roger Karoutchi. Jérôme Chartier affirme que l'écart en faveur de Fillon « est passé de 220 à 400 voix ». Les adversaires n'arrivent même plus à se mettre d'accord sur le nombre de départements qu'il reste à valider. « Trois », disent les uns. « Six », corrigent les autres. L'ensemble de la classe politique a revêtu ses habits de pompier, consciente que l'image déplorable donnée par l'UMP rejaillira de manière indifférenciée sur tous les élus. Sur Twitter, l'écologiste Cécile Duflot conseille d'organiser un nouveau scrutin : « Je ne sais pas si le transfert d'expérience fonctionne dans ce sens mais après

---

1. Nom que s'étaient donné jusqu'en 2011 Jean-François Copé, Christian Jacob, François Baroin et Bruno Le Maire. Luc Chatel et Valérie Pécresse complétaient la bande.

moult recomptages, en 2007, nous avions revoté… » Halte au feu, crie Alain Juppé sur son blog. L'ancien Premier ministre, qui s'était placé en retrait pendant la campagne, juge sévèrement les deux candidats, « obsédés par l'échéance de 2017 ». « Ce que je redoutais s'est produit, constate-t-il. Le mouvement sort divisé et donc affaibli de cette confrontation intempestive. » Le maire de Bordeaux propose que les frères ennemis de l'UMP réunissent autour d'eux une instance de crise. Des ambassadeurs impartiaux pourraient être désignés pour aider au dialogue.

Roger Karoutchi, lui, recommande aux conseillers de Jean-François Copé de rester vigilants. Conseil de crise au huitième étage avec l'ensemble du comité stratégique : « Dites au candidat de rester là. Il ne faut pas qu'il s'absente de l'UMP. Il doit être en état de descendre à n'importe quel moment si François Fillon retente un coup de Trafalgar ! » Organisation quasi militaire pour un vote qui devait être un premier grand exercice de démocratie interne… Des pizzas sont livrées au siège. Pour les collaborateurs, membres de la COCOE et représentants des candidats, qui attaquent désormais leur vingtième heure de travail. Sur le bureau de Jean-François Copé, un livre de l'historien américain Timothy Snyder. Il raconte les famines préméditées par Staline et l'affamement par Hitler de quelque trois millions et demi de prisonniers de guerre soviétiques, deux des plus grands massacres de l'histoire, qui aident à comprendre selon lui l'Holocauste.

Au deuxième étage, les négociations achoppent sur le cas de quelques départements litigieux. Jérôme Lavrilleux demande à nouveau l'annulation des Alpes-Maritimes. Le conseiller juridique de François Fillon s'y oppose. « Vous voulez appliquer la jurisprudence à l'envers », fait-il valoir. Selon lui, la règle est claire dans tout scrutin : quand il y a manipulation sur un bureau de vote, les voix sont retirées au niveau national à celui qui arrive en tête. Et non au niveau local à celui qui domine le bureau de vote. Il explique : « La jurisprudence a changé parce que sinon c'était facile de fausser le scrutin. Celui qui craint de perdre bourre les urnes chez son concurrent et fait invalider des bulletins. » Une démonstration appuyée par Laurent Wauquiez, qui n'est pas le moins capé des fillonistes quand il s'agit de droit électoral : « Tout au long du processus, la jurisprudence a été appliquée n'importe comment par la COCOE, et plus tard par la Commission des recours. Je vous prends un exemple : un juge n'a pas le droit d'inverser les résultats d'une élection. S'il constate une irrégularité qui changerait la donne, il décide, et c'est la règle, d'un nouveau vote. Ça s'applique partout en France, sauf à l'UMP. »

À 21 heures, le huis clos est décrété. Les trois derniers départements ont été expédiés à la hâte. « Les copéistes sont passés en force, accuse Laurent Wauquiez. On a dû examiner en une demi-heure à peine les trois fédérations les plus litigieuses, dont les Bouches-du-Rhône et les Alpes-Maritimes. »

Patrice Gélard demande aux représentants des candidats de sortir pour laisser les membres de la commission délibérer. Les soutiens de François Fillon quittent le QG. Un soutien de Jean-François Copé les entend dire : « C'est plié. » En informe Jérôme Lavrilleux par texto. Lequel répète aux journalistes que le jugement des commissions de l'UMP est souverain : « Chez nous, le ministère de l'Intérieur, c'est la COCOE. Et le Conseil constit', c'est la CNR, la Commission des recours. S'ils veulent contester le résultat par la suite, c'est cette instance qu'il faudra convoquer. »

Contester ou non. C'est désormais la question qui se pose autour de François Fillon. L'ancien Premier ministre a battu le rappel des troupes. Tous réunis dans son bureau de la rue Saint-Dominique. Deux lignes s'opposent. François Baroin, Éric Ciotti, Christian Estrosi, Valérie Pécresse veulent porter l'affaire en justice. Tous s'accordent à dire qu'« il ne faut surtout pas laisser le parti à Copé ». L'un d'eux fait remarquer que cela ne sert à rien de saisir la CNR, acquise à la cause de Jean-François Copé. L'avocat de Fillon, Maître Sureau, et sa plume, Igor Mitrofanoff, s'opposent à l'issue judiciaire : « Tu détruirais l'image d'homme d'État que tu as construite ! » objectent-ils. Les deux unissent leurs forces et l'emportent.

La mort dans l'âme, Igor Mitrofanoff s'attelle à l'écriture d'un nouveau discours. Il couche ces mots sur une feuille de papier : « J'ai pris acte de ce résultat. La vérité m'oblige à dire que j'aurais préféré m'en satisfaire. Tel n'est pas le cas. Au-delà des nombreuses irrégularités de ce scrutin, que j'aurais pu contester, ce qui me frappe est que la fracture qui traverse notre camp politique est désormais manifeste, à la fois politique et morale. La réduire et la dépasser, tel est l'objectif que désormais je m'assigne. Je ferai connaître dans les jours qui viennent les formes que prendront mon avenir et mon engagement politique. »

À l'UMP, la COCOE s'apprête à rendre son verdict. Patrice Gélard redescend à pied, escorté par Roger Karoutchi. Le codirecteur de campagne de Jean-François Copé s'agace : « En salle de presse, les journalistes. Vous allez en salle de presse ! » Après avoir siégé toute la journée, la commission électorale proclame à 22 h 40 officiellement Jean-François Copé vainqueur avec 50,03 % des voix, soit 98 voix d'avance sur François Fillon. L'équipe du député-maire de Meaux explose de joie. Les soutiens se tombent dans les bras. Certains pleurent. D'autres entonnent une Marseillaise. À l'écart, Jérôme Lavrilleux semble contrarié. Soucieux. 98 voix, ce n'est pas beaucoup. Il livre la raison de son tourment à quelques journalistes : « Quand on s'est retiré pour les laisser délibérer, j'étais persuadé qu'il allait annuler les quatre bureaux qu'on avait demandés. On aurait dû gagner avec plus de 1 000 voix. Là, 98… Il n'y plus qu'à espérer qu'il n'y ait pas d'erreurs de calcul ! » Il ne croit pas si bien dire.

ACTE 3

Fillon le naïf contre Copé le tricheur

« Enfin une victoire indiscutable pour le président de l'UMP ! » titre *VSD*. En pleine trêve de Noël, la une s'étale sur tous les kiosques de France. Jean-François Copé est désigné par les Français comme la personnalité la plus agaçante de l'année. Élu « Tête à claque 2012 [1] » à 81 % des voix. Dans ce sondage, nulle mention de son rival. Et pour cause : le maire de Meaux est tenu pour principal responsable de la crise politique. Ce qu'explique Yves-Marie Cann, directeur d'études au département opinions de l'institut CSA [2] : « Une partie des sondés considère que Copé a usurpé la victoire de François Fillon. Il est le "*bad guy*". » Son concurrent est lui aussi atteint. « Fillon a perdu de sa stature, de sa présidentiabilité », répètent les éditorialistes sur les plateaux de télévision. Touché, mais pas coulé l'ancien Premier ministre. Sa dégringolade

1. Sondage Harris Interactive pour *VSD*, n°1844, du 27 décembre 2012 au 2 janvier 2013.

2. *Le Monde*, 26 décembre 2012

dans les panels est moindre que celle de Copé. Il sauve les meubles. Un sondeur décrypte : « Son positionnement l'a moins exposé que Copé, il est apparu comme une victime alors que son rival a été perçu comme un jusqu'au-boutiste. »

Fillon la victime, Copé l'agresseur. Ou autrement dit : Fillon le naïf, Copé le tricheur. Deux images, deux stratégies et deux qualificatifs qui ne doivent rien au hasard. Et qui, comme le sparadrap du capitaine Haddock, risquent de coller longtemps à ceux qui les portent ! Pour Lionel Jospin, c'était « austère ». « Pas grave, analyse un conseiller en communication, car cela renvoyait à une qualité essentielle : travailleur. Les Français le jugeaient chiant mais sérieux. Ça allait avec le package. » Pour François Hollande, c'était « mou ». « Plus emmerdant, reprend le même. Surtout que ça vient de son propre camp, de Martine Aubry. » Pour Jean-François Copé, ce sera donc « tricheur ». Et « naïf » pour François Fillon. Un élément de langage souvent revenu dans la bouche de ses conseillers. « L'excès de confiance rend naïf », analyse une élue. « On a été trop gentils, trop naïfs », insiste un autre. Un adjectif relayé des dizaines et des dizaines de fois, à tous les journalistes. Qui finit par rentrer dans les têtes.

Est-il inexact de penser que François Fillon a fait preuve de naïveté ? Certainement pas. Mais le dire n'est pas sans conséquence dans l'opinion. « François le naïf, c'était quelque chose qui nous arrangeait très bien », admet son entourage. Ses *spin doctors* se félicitent d'avoir remporté la bataille de la communication. « En deuxième semaine, on a réussi à inverser la tendance avec quelques couv' sympas », souffle l'un d'eux. La presse se déchaîne : « Comment Copé a tout manigancé », « Les drôles de méthodes des copéistes à Cannes », « L'inquiétant monsieur Copé », « L'autre voyou de la République »… Un tir groupé qui, bien qu'il s'en défende, ébranle le maire de Meaux. Une députée normande, non-alignée, l'a senti très affecté par l'enchaînement de papiers assassins : « On a commencé ensemble avec Jean-François. Je ne l'avais jamais vu aussi physiquement atteint par une épreuve. »

Dans le camp Copé, Roger Karoutchi reste admiratif du professionnalisme de ses concurrents : « Il faut reconnaître que François a une très bonne équipe de presse et de communication. » Un autre élu des Hauts-de-Seine, Patrick Balkany, constate qu'« à force de dire que Copé a triché, les gens ont fini par le croire. » L'un de ses proches relativise : « Par rapport à Fillon, on a un avantage : on n'a pas l'habitude d'avoir de bons papiers. » De la forfanterie pure et simple. Car s'il est vrai que Copé rabâche qu'il ne craint pas de « faire des accrocs » à son « costume », il convient aussi de rappeler que le quadragénaire est un enfant de la com' qui nourrit une ambition présidentielle. Sa descente aux enfers médiatiques n'est pas pour rien dans le cessez-le-feu signé entre les deux belligérants.

La guerre des textos

Elle commence le 18 novembre dans l'après-midi. « Premières remontées du terrain, Fillon est entre 55 % et 60 % », écrit un homme de l'ombre très engagé auprès de l'ex-Premier ministre. Nouveau texto à 19 heures : « Sur les premiers départements dépouillés, on est à FF 55-60 %. » Il est prévu que François Fillon fasse une déclaration à 21 heures. Un quart d'heure avant l'échéance, nouveau message : « Point presse reporté. » Puis : « FF 158 voix d'avance. » À 22 h 38 : « FF 144 voix d'avance. » Sur les téléphones des journalistes arrivent des points réguliers sur l'avancée du dépouillement. L'apanage des fillonistes ? Que nenni ! Dans le même temps, deux observateurs de Jean-François Copé à la COCOE bombardent les mêmes médias de SMS : « 2 000 d'avance pour JFC à ce stade. Encore 15 départements. » Ou encore : « C'est plié. 1 098 pour JFC. 598 si on retire les bureaux sur lesquels il y a une réclamation de FF. » Un peu comme dans un roman d'espionnage, les différentes équipes communiquent par code. Un pro-Fillon écrit : « LW (*Laurent Wauquiez ndlr*) en route pour l'UMP. FF reste au QG. »

Des jours durant, les journalistes qui couvrent la crise à l'UMP ne craignent que deux choses : manquer de sommeil et avoir de batterie de téléphone à plat. C'est que toutes les informations ou presque sont délivrées par ce biais et en temps réel par chacune des équipes. Du prêt-à-écrire, prêt-à-penser, prêt-à-répéter. Les communicants ont compris que l'ère du tout-actu abhorre le vide. Bandeaux déroulants, analyses en plateau, message sur Twitter... Un texto à tel ou tel contact et c'est l'assurance de voir le message relayé sur différents supports. Un véritable blanchiment d'info. Pour chaque camp, maîtriser cette boucle est un enjeu majeur.

Un ancien cadre du RPR constate avec affolement le manque de recul des médias pendant l'épisode : « Je communiquais avec des journalistes qui étaient en plateau. Ils répétaient au mot près ce que je leur envoyais. J'aurais pu écrire n'importe quoi, ils le répétaient à l'antenne. » Certains ne s'en privent pas. La bataille se joue aussi devant les caméras, et faire peser la pression médiatique sur l'adversaire n'est au fond qu'une arme de plus dans la lutte se livrent Jean-François Copé et François Fillon. 21 novembre, 16 h 40. Nouveau texto d'un député proche de l'ancien Premier ministre : « 110 parlementaires réclament un intérim d'Alain Juppé. C'est ça ou la scission. » Dans la seconde, les télévisions s'agitent. Dépêchent des reporters à l'Assemblée nationale. Les mêmes mots sont prononcés en duplex et en plateau : « À l'instant, nous apprenons que... » L'hystérie ne dure qu'un temps. Vingt-sept minutes exactement. À 17 h 07, SMS d'une autre source parlementaire : « Le mot "scission" n'a pas été prononcé mais clairement induit. C'est Juppé ou "la prise de responsabilité". »

Dans un camp comme dans l'autre, on se défend de toute tentative d'intoxication. Un communicant filloniste explique : « On a plutôt éclairé certains points qui étaient dans l'ombre. Après, chaque journaliste y voit l'intensité qu'il veut. » Un *spin doctor* se lance dans une classification des reporters qui étaient sur le terrain : « Il y en avait deux sortes. Ceux qui citaient leurs sources, au moins pour dire de quel camp venait l'info, et ceux qui reprenaient à leur compte mot pour mot nos éléments de langage. On s'est bien marrés par moments. » La plupart des rédacteurs ont d'ailleurs bien compris le manège. Le 22 novembre, Olivier Mazerolle craque en direct sur le plateau de BFM TV. « Je suis journaliste, je suis fatigué comme tout le monde et j'en ai marre de commenter des inepties ! lance-t-il au milieu des rires gênés des autres présentateurs, dont Ruth Elkrief. La politique française à la petite semaine, ça suffit ! » Un autre journaliste, qui baigne dans la politique depuis des années, admet avoir « eu un peu honte par moments » quand il entendait dans la bouche de certains de ses collègues le texto qu'il venait lui aussi de recevoir. « Certains ne prenaient aucun recul. Tenez, le 25 novembre par exemple, j'ai entendu des décryptages sur des plateaux qui étaient ceux que nous envoyaient un communicant de Fillon. »

Parfois, le vernis craque. Le 29 novembre, Michael Darmon poste sur Twitter : « Le déjeuner Copé/Sarkozy a eu lieu à l'initiative de l'ancien président. Les deux hommes ont évoqué la possibilité d'un nouveau vote d'ici un an. » Le démenti, cinglant, est lâché dix minutes plus tard sur le même réseau par l'attachée de presse de Nicolas Sarkozy. Véronique Waché écrit : « Tu te trompes de nouveau, Michael… Décidément, il faut songer à revoir tes sources… »

Des journalistes instrumentalisés

C'est l'un de ces soirs de décembre à la température plutôt clémente. Suffisamment pour s'attabler en terrasse et refaire le monde en tirant sur une cigarette. Des journalistes se retrouvent autour d'un verre de vin, à quelques mètres du Sénat. Depuis que Jean-François Copé et François Fillon ont décidé de se voir à huis clos, les reporters disposent à nouveau d'une vie sociale. Une éditorialiste d'un grand quotidien national se laisse aller à quelques confidences : « Le petit jeune qui bosse avec moi, je ne l'envoie jamais seul chez Copé. À chaque fois il se fait retourner le cerveau ! » La tablée rit de bon cœur. Effectivement, on ne peut pas dire que l'entourage de JFC ne tente pas d'utiliser la presse. « Ils en ont fait un art ! » confie un homme radio. Informer, voire parfois désinformer. Chaque écurie a usé à outrance de cette pratique. Il faut dire que dans cette bataille mortifère, rien ne doit être laissé au hasard. Les politiques des deux bords reconnaissent avoir, à un moment ou un autre, tenté d'instrumentaliser les journalistes. Le coup de maître de cette campagne est signé de l'entourage de François Fillon.

En ce 18 septembre, les camions de livraison défilent au 238 rue de Vaugirard. Les va-et-vient habituels, auquel se mêle un cortège de véhicules un peu particulier. À quelques heures de la fin du dépôt des 7 924 parrainages nécessaires pour se présenter à la présidence de l'UMP, les troupes de chaque candidat apportent en grande pompe leurs précieuses signatures d'adhérents. Nathalie Kosciusko-Morizet et Bruno Le Maire sont contraints de déclarer forfait. Aucun d'entre eux n'a atteint le chiffre requis. Le clan Copé, emmené par les codirecteurs de campagne Roger Karoutchi et Édouard Courtial, transvase un à un les cartons du camion jusqu'aux chariots de l'UMP. Car c'est une démonstration de force que pensent réaliser les copéistes. Depuis des semaines, ils soufflent en *off* : « Les sondages ? On verra bien qui aura le plus de parrainages, c'est ça le sondage le plus représentatif. » Le matin même, le candidat exhortait ses troupes à se féliciter du nombre de formulaires obtenus. Standing ovation dans l'un des bureaux de l'Assemblée nationale, où il réunit son comité stratégique, quand il révèle que 30 000 parrainages ont été collectés. Sûr de lui, Copé se permet même de dire publiquement le chiffre à Christophe Barbier, dont il est l'invité sur iTélé. « Aucun doute, confie alors son entourage. En face, ils rament pour dépasser les 15 000. » Le coup de massue tombe à 17 h 15. Point presse de François Fillon. Grand sourire de celui qui habituellement affiche une mine plus sévère. Des dizaines de caméras sont présentes. Et l'ancien Premier ministre peut fièrement annoncer que ses équipes ont rassemblé 45 000 parrainages. Dans le camp d'en face, le ciel s'effondre. On crie au complot, à la fraude. « Ils mentent ! Ils pipeautent totalement ! s'exclame un élu copéiste. C'est impossible qu'ils en aient autant. » Le maire de Meaux propose à son rival qu'un huissier valide chacun des chiffres. Refus de François Fillon. Dans l'entourage de Jean-François Copé, on n'en revient pas. C'est une grosse erreur de communication que vient de commettre l'équipe. Exaltée par… un excès de confiance ravageur ! Ce qu'elle ne sait pas, c'est qu'un piège lui a été tendu. Et les journalistes n'y sont pas pour rien.

« C'est l'un des coups les mieux ficelés de ma carrière », se félicite un conseiller de François Fillon. Plusieurs semaines après, il en rigole encore. « Il fallait absolument que Copé croie que nous étions à la ramasse sur les parrainages. Si jamais nous faisions passer le message par nos élus ou dans les médias, ils auraient senti la manip'. Nous avons donc utilisé une technique un peu tordue mais qui a parfaitement fonctionné. » Et l'astucieux stratège de détailler : « J'ai appelé quatre journalistes que nous avions identifiés comme pro-Copé. Je leur raconte que nous n'avons que 10 000 ou 15 000 parrainages maximum. Évidemment, je leur dis qu'il ne faut surtout pas que Copé l'apprenne. Dans l'heure qui suit, au moins l'un des quatre avait déjà bavé auprès du staff d'en face. Ils se sont fait enfumer sur toute la ligne. » L'équipe Copé s'est fait avoir. Les journalistes aussi. Cette guerre fait des victimes dans tous les camps.

Le loft politique

Une bataille minute par minute sous l'œil des caméras, retranscrite instantanément sur les réseaux sociaux et les chaînes d'information. L'élément médiatique aura rarement été aussi déterminant dans l'évolution d'une situation politique. « Chacun réagissait par rapport aux déclarations du camp adverse quelques minutes auparavant. On était dans la surenchère permanente », commente un député bien habitué des plateaux télé. Et si la presse n'a pas créé la haine existant entre les protagonistes, elle a largement amplifié le phénomène. De quoi valider la sentence de Michel Field qui, chaque semaine, en introduction de son émission « Médiapolis » sur Europe 1, analyse « comment les médias pèsent sur la politique et comment, parfois, les politiques essaient de peser sur les médias ». Ce fut à 1 000 % le cas de l'UMP pendant sa crise de leadership.

« C'était un loft politique », commente un copéiste. La meilleure émission de télévision politique jamais créée. De téléréalité politique, plutôt. Tous les ingrédients sont réunis : des caméras par centaines, des candidats-acteurs présents 24 heures sur 24 sous les feux des projecteurs et une unité de lieu, le siège de l'UMP. Au milieu de tout ça, des journalistes. Pendant des jours, la rue de Vaugirard est le théâtre d'une série que les meilleurs scénaristes n'auraient même pas osé imaginer. « Je ne sais pas combien d'interviews j'ai pu donner en une semaine », confie l'un des porte-parole de Fillon. Des dizaines ? Estimation basse. Des centaines ? Beaucoup plus plausible. Les journalistes campent dans le hall du siège et enchaînent les directs depuis le trottoir. « Il y a des douches, si vous voulez », les prévient le premier soir un conseiller de Jean-François Copé. Les humoristes s'amusent de la situation. Après avoir réalisé une journée complète, une soirée, un début de nuit et une matinale à l'antenne et couru après tous les leaders de l'UMP pour les interviewer, Julien Arnaud d'iTélé, est rebaptisé « p'tit cow-boy » par Yann Barthès et ses équipes du Petit Journal. Même Jean-François Copé appelle désormais le journaliste politique ainsi ! La scène médiatico-politique est devenue un cirque.

Cela pourrait faire sourire, mais une fois la crise retombée, les critiques ne sont pas tendres sur le spectacle offert aux Français. Premiers responsables : les candidats eux-mêmes. Gilles Boyer, collaborateur d'Alain Juppé, est sidéré que toutes les digues de la retenue aient sauté. Le 25 novembre, alors que son patron doit rencontrer les deux belligérants, il est assailli de coups de fil. Des journalistes qui s'étonnent que le lieu de rendez-vous soit tenu secret. Inlassablement, il leur répond : « Moi je m'étonne que tout le reste ait été rendu public. » Bastien Millot, ancien collaborateur de Jean-François Copé, désormais président de l'agence de conseil

« Bygmalion », juge que les candidats ont été bunkerisés pendant près d'un mois. « Ça ressemble à une image de Berlin en 1945 : des ruines et deux types qui lèvent la tête et se disent : "Mon Dieu, voilà le résultat de ce pugilat médiatique !" Ils font partie de ces gens qui après une guerre se relèvent et s'aperçoivent de l'étendue des dégâts. C'était une bataille médiatique d'une intensité incroyable, où plus personne ne s'arrêtait cinq secondes pour faire un peu de stratégie. Par exemple, ils auraient pu se taire certains jours ou demander à leurs lieutenants d'arrêter de surenchérir par chaînes info ou tweets interposés. Copé et Fillon ont été emportés par ce temps médiatique sans jamais prendre une seconde de recul. »

Aujourd'hui, Jean-François Copé relève donc la tête. Il reconnaît que les mois qui arrivent s'annoncent comme un long chemin de croix : « Ça va être difficile de réparer mais c'est possible petit à petit, en parlant d'autres sujets, de mon action à Meaux, des conneries de Hollande, de la Syrie… Quand des images sont broyées sur un temps aussi court, c'est forcément artificiel et ça se reconstruit autrement. » Le fond, le fond, rien que le fond. Tel serait donc le remède au mal qui ronge l'UMP. D'ailleurs, nombreux sont ceux qui se désolent que la crise n'ait pas été davantage idéologique. Des analystes politiques qui jugent que « la droite n'a rien foutu depuis dix ans ». Des élus UMP, qui l'admettent aussi. « Aujourd'hui je suis bien incapable de vous résumer la position idéologique de notre parti », répond un député interrogé sur la ligne du parti. Que ce soit sur Florange, le rôle de l'État, la compétitivité : l'UMP n'a plus une et unique position, elle en a autant que d'élus. Chacun sa solution, ses idées. En revanche pour savoir ce que propose la droite française sur les grands défis auxquels est confrontée la France… Mission quasi-impossible. Un ténor de l'ex-RPR résume la question européenne ainsi : « Nous en sommes encore à savoir si nous sommes pour ou contre Maastricht… plus de dix ans après ! » Effectivement, la droite doit revoir entièrement son idéologie. Est-elle libérale ? Interventionniste ? Étatique ? Fédéraliste ? Personne ne le sait vraiment. Après dix ans de pouvoir ininterrompu, la période d'opposition doit servir à cette réflexion. « Les idées ? On en est à savoir qui est le chef et qui va faire le meilleur coup médiatique de la semaine, alors la réflexion… » soupire un député qui se qualifie de non-aligné. Il ajoute : « Les municipales et régionales qui approchent, ce n'est pas du tout gagné d'avance. On est tous d'accord pour dire que les socialistes ont fait exploser les impôts et l'embauche de fonctionnaires territoriaux. Mais après on propose quoi ? Il va falloir sérieusement se bouger si on veut une vague bleue en 2014 / 2015. Le loft politique, ça a ses limites ! »

La déontologie au placard

Un soir de septembre, 7e arrondissement de Paris. Le Parti Socialiste réunit l'ensemble de ses cadres dans une salle de l'Assemblée nationale. Dans un peu plus d'un mois, le mouvement doit choisir celui qui succédera à Martine Aubry. Harlem Désir ? Jean-Christophe Cambadélis ? Un troisième homme ou une troisième femme ? Les visages de ceux qui quittent la réunion sont sombres. « Maintenant qu'on est au pouvoir, il faudrait qu'on ait le doigt sur la couture du pantalon », se plaint un collaborateur de ministre. Une élue francilienne se projette déjà dans les élections régionales : « On va encore devoir faire de la place aux écolos alors qu'ils ne nous apportent rien au local. » Tous s'arrêtent au Café Bourbon. Trois jeunes attablés les écoutent attentivement. Trois membres de l'équipe de François Fillon. Au bout de quelques minutes, l'un d'eux sort son téléphone. « Je vais vous montrer une pure merveille, annonce-t-il à ses camarades. Regardez. » Sur son iPhone, directement parvenu dans sa boîte mail, une exclusivité que Jean-François Copé vient d'accorder au *Figaro Magazine*. Un article sous embargo, c'est-à-dire destiné à être tenu secret jusqu'à la date de publication prévue quatre jours plus tard. « Vous avez vu ? C'est un journaliste ami qui me l'a envoyé », fanfaronne le collaborateur. Un journaliste, le mot est faible. Le destinataire occupe en réalité des fonctions dans le service politique d'un grand média [1].

1. L'un des auteurs de ce livre a pu consulter l'email en question.

Certains reporters n'ont donc pas hésité à franchir la ligne jaune au cours de cette campagne. Les discussions en *off*, les textos où l'on dit ce que l'on a sur le cœur sans peur que cela ne sorte sur les antennes sont certes une pratique régulière entre journalistes et responsables politiques. Cela peut surprendre, mais cela fait partie du jeu. Une certaine forme de mitoyenneté indispensable pour comprendre ce qui se déroule en coulisses. Ce jeu a des règles, tacites. Le journaliste doit rester à sa place. Collecter les infos, en faire le tri, les vérifier, oui. De là à devenir un acteur du jeu politique... Le cas présent est d'autant plus marquant que l'article en question est en réalité la publication par *Le Figaro Magazine* des extraits du livre de Jean-François Copé, le fameux Manifeste pour une droite décomplexée [1]. D'une certaine façon : son programme à la présidence de l'UMP. Chaque expression, chaque mot est pesé, analysé avec son équipe rapprochée. Le texte, relu et amendé, est ensuite envoyé à une poignée de journalistes. Objectif : préparer ses papiers et les réactions en amont pour pouvoir sortir un dossier complet une fois l'embargo passé. En cassant cet embargo, le journaliste sait qu'il livre une indication capitale sur la stratégie d'un des candidats. Passe encore de révéler ces informations au lecteur ou au téléspectateur... Pas fair-play, mais la recherche du scoop pousse certains reporters à se jouer parfois des convenances et autres élégances.

---

1. *Manifeste pour une droite décomplexée*, Jean-François Copé, éd. Fayard.

Ce n'est pas le cas ici puisque le journaliste a cru bon d'écrire, dans son e-mail : « Ça devrait vous intéresser. »

Pas ingrat, l'entourage de François Fillon saura renvoyer l'ascenseur. Le précieux coup de main du journaliste aura permis à son équipe de travailler ses arguments en amont, pour répondre point par point dès parution de l'article en question. François Fillon et ses collaborateurs auraient bien évidemment eu tort de se priver d'une telle aide. Et elle n'est nullement mise en cause ici. Mais le journaliste aurait été mieux inspiré pour sa part de relire son code de déontologie.

Une moule à son rocher

« Copé s'accroche à son fauteuil comme un forcené ». Texto le 23 novembre à 13 h 47 d'un conseiller en communication qui observe depuis quelques jours les stratégies de chacun des candidats. Son jugement est sans appel : Copé va y laisser des plumes. Beaucoup. Au 238 rue de Vaugirad, beaucoup partagent son analyse. Bombent le torse. Les mauvais jours passeront. Les mauvais papiers aussi. Un conseiller hausse les épaules : « De toute façon, la presse n'aime pas JFC. Les médias de gauche nous détestent ! » Caliméro à l'UMP. Dans le viseur : *Le Nouvel Observateur* et *Libération*, bien sûr, mais aussi le *Journal du Dimanche*, réputé proche de l'ancien Premier ministre. « Ils écrivent sous la dictée de Fillon, ne cessent de répéter les copéistes. Et de son entourage ! » En cause notamment, la tournure des papiers depuis le début de la campagne interne. Jean-François Copé n'a pas digéré la double page publiée le jour du scrutin, le 18 novembre, où on voit en photo son concurrent faire du vélo dans la Sarthe tandis que lui sort d'une boutique Hermès de la très chic avenue Montaigne. Le député-maire de Meaux en veut aussi à l'hebdomadaire pour avoir sa une du 1er juillet 2012, consacrée à la déclaration de candidature de François Fillon. Un argument que Bruno Jeudy, rédacteur en chef de l'hebdomadaire, balaie d'un revers de main : « Nos colonnes sont ouvertes à Jean-François Copé quand il le souhaite pour annoncer sa nouvelle candidature. »

En ce qui concerne *Le Nouvel Observateur*, le différend est plus ancien. Il date de la semaine du 3 novembre 2011. Le magazine publie alors une interview [1] de celui qui est encore secrétaire général de l'UMP. « Une interview ? On n'a jamais donné d'interview ! » dément alors l'équipe de l'élu meldois, accusant la journaliste d'avoir transformé une discussion *off* en entretien très officiel. Et d'avoir recréé un échange en inventant des phrases qui n'auraient jamais été prononcées. Laquelle s'en défend en assurant que l'interview était bel et bien *on*. Nouvel accès de fièvre treize mois plus tard, le

1. « Copé : feu sur Fillon ! », Carole Barjon, *Le Nouvel Observateur*, semaine du 3 novembre 2011

6 décembre 2012. *Le Nouvel Observateur* publie cette fois-ci un dossier de seize pages sur la désorganisation et les fraudes qui entachent le scrutin. *L'inquiétant monsieur Copé* titre le magazine. L'équipe du député-maire de Meaux est surprise. « La journaliste ne nous a même pas appelés, affirme un conseiller. Non pas pour vérifier, mais ne serait-ce que pour qu'on apporte une forme de contradiction ! »

« Médiatiquement, nous sommes les méchants. Nous l'avons toujours été, constate un ami de Jean-François Copé. On pourrait avoir une devise "*Struggle for life*" (se battre pour la vie) écrit sur le tee-shirt avec en dessous "*You eat what you kill*" (tu manges ce que tu as tué). » Un autre, avec davantage de sang-froid, se livre à une analyse chirurgicale : « Ça ne nous surprend personne de lire que Jean-François est accroché à son poste comme une moule à son rocher. On a cette image-là. On nous perçoit comme ça. » Cette image de méchant finirait par en décourager beaucoup, elle semble au contraire presque faire plaisir à Jean-François Copé. Pour lui la comparaison est toute trouvée : Jacques Chirac et Nicolas Sarkozy. Deux mal aimés, tous deux élus Président de la République. « Comme Sarko à partir de 2002, Copé représente tout ce que détestent les journalistes bobos-parisiens », assure un conseiller. La posture du mal aimé comme stratégie. À voir. Le même ajoute : « Et puis dans l'esprit des journalistes, Fillon ne pouvait pas perdre. D'où les papiers assassins. » L'explication vaut ce qu'elle vaut. Pèche sans doute par sa facilité. « Le pauvre François ne pouvait pas avoir triché, il est la victime, on lui a volé son élection », répètent l'entourage tout le long du mois de décembre. Agacé par l'« acharnement », disent-ils dont est victime leur chef.

Tout est dit. Ou presque. Est-il vrai que les chouchous des médias ne font pas de bons candidats à la présidentielle ? Si tel est le cas, pour Jean-François Copé essaye-t-il de « réparer » – ce sont ses mots – son image ? Pour le président de l'UMP comme pour François Fillon, les sondeurs ne considèrent pas que la situation est désespérée. Emmanuel Rivière de la Sofres estime qu'« ils ont chuté, mais pas tant que ça. Dans la même situation, des dirigeants socialistes auraient chuté plus lourdement. Les sympathisants UMP restent attachés au culte du chef. Cet épisode restera un marqueur négatif, un acte lourd, mais rien n'est complètement irrémédiable ». C'est ce que se dit aussi chacun des belligérants, se raccrochant, et c'est cocasse, à l'exemple de François Hollande qui était au fond du trou quatre avant la primaire socialiste. Emmanuel Rivière s'en dit convaincu : « L'un comme l'autre peut faire oublier ce psychodrame qui apparaîtra bien loin en 2016. » 2016, quand les sympathisants seront consultés pour désigner le meilleur candidat de la droite pour la présidentielle. Une seule condition pour cela, énoncée par un ancien ministre resté neutre pendant la bataille : respecter l'accord signé entre les deux parties. « Le premier qui paraîtra réactiver la division sera très fragilisé », prévient le vieux sage.

ACTE 4

La médiation ratée d'Alain Juppé

Dimanche 25 novembre. 19 heures. Un froid glacial s'est emparé de Paris. Une semaine déjà que l'UMP danse au bord du précipice. Face à la Seine, le Palais Bourbon, magistral, se dresse comme le dernier rempart contre l'hystérie médiatico-politico-judiciaire. C'est là qu'Alain Juppé a donné rendez-vous à François Fillon et Jean-François Copé. L'endroit ne fut pas aisé à trouver. « Plusieurs propositions leur ont été faites », confirme un observateur neutre. Toutes rejetées par l'un ou l'autre des belligérants. « Il fallait un lieu neutre, explique le même, qui incarne la solennité. Et qui leur permette de repartir sans voir la presse s'ils le souhaitent. »

Après des heures de palabres, les trois hommes conviennent de se retrouver dans le bureau de Gilles Carrez, président de la Commission des Finances. « Le seul président de commission qu'il nous reste, plaisante un membre de l'UMP. Ce qui veut dire aussi que, d'un point de vue logistique, il dispose d'un grand bureau. Et puis Carrez, c'est une personnalité incontestable et incontestée à droite. » Les trois acceptent aussi la présence de Gilles Boyer, collaborateur historique d'Alain Juppé, dans la pièce d'à côté. Il sera chargé de subvenir aux besoins – téléphone, nourriture, boissons – de chaque partie si la réunion se prolonge tard dans la nuit. Confortablement installé, il allume la petite télévision installée face à lui et se branche sur les chaînes info pour passer le temps.

Alain Juppé est sur place à 18 h 55. Pas mécontent d'avoir réussi à semer la moto taxi qui le suit depuis une heure, depuis qu'il a quitté Saint-Maur-des-Fossés pour rejoindre l'Assemblée nationale. À 19 heures, François Fillon le rejoint. Suivi, cinq minutes plus tard, par Jean-François Copé. Ceux qui les ont croisés dans les couloirs le confirment : « Les deux sont arrivés remontés comme des pendules. »

À 19 h 10 précisément, la réunion commence. 35 minutes plus tard : constat d'échec. La commission Juppé ne verra pas le jour. Sans se départir de son calme légendaire, le maire de Bordeaux s'en va retrouver Gilles Boyer à qui il dicte ces quelques lignes : « Alain Juppé, constatant que ses propositions n'ont pas été acceptées, estime que les conditions d'une médiation ne sont pas réunies. En conséquence, il considère que sa mission est achevée. »

À quatre kilomètres de là, au 238, rue de Vaugirard, un téléphone sonne dans la salle de presse de l'UMP. Frédéric Dumoulin, journaliste à l'AFP, décroche. Au bout du fil : Gilles Boyer, qui lui lit l'enchaînement de vingt-cinq mots signés Juppé. L'alerte est rédigée dans la seconde. Reçue en simultané par toutes les rédactions abonnées à l'agence. Il est 19 h 50. Les 20 heures changent leur fusil d'épaule. TF1 titre « Alain Juppé abandonne ». Et Claire Chazal ne peut que constater « l'impasse à l'UMP ». L'échec était pourtant prévisible.

L'appel à un ami

L'hypothèse Juppé s'impose très rapidement dans l'esprit de François Fillon. L'un de ses proches jure l'avoir entendu en parler dès le 18 novembre au soir : « L'équipe comprend qu'à partir du moment où Copé s'est proclamé, il va falloir demander une direction collégiale. Le nom d'Alain Juppé surgit. Ce n'est qu'ensuite que l'idée est affinée pour réclamer qu'il soit plutôt à la tête d'une super-commission des recours. Indépendante, celle-là. » François Fillon sait donc qu'il faut sortir du duel et imposer la médiation d'un moyen terme. Il en parle à Alain Juppé le mercredi matin : « Je vais faire appel à toi pour que tu règles le problème. » La perspective de revenir aux affaires ne déplaît pas au père fondateur de l'UMP.

Alain Juppé est d'autant moins difficile à convaincre que François Fillon le prévient du coup de Jarnac qui se prépare. En relisant attentivement le compte-rendu de la COCOE pendant la nuit, son équipe s'est aperçue que trois départements d'Outremer n'ont pas été comptabilisés. C'est Laurent Wauquiez qui lève le lièvre. Analysant les résultats de sa motion « La Droite sociale », l'ancien ministre s'aperçoit qu'en dessous de la ligne Outre-mer s'ajoutent les chiffres de Mayotte, Wallis-et-Futuna et la Nouvelle-Calédonie. Trois départements qui ne sont pas mentionnés dans les résultats de Copé et Fillon. « En fait, je suis encore physiquement à la COCOE quand le doute me traverse, raconte Laurent Wauquiez. Je demande à un permanent du parti d'aller me chercher le tableau des résultats des candidats. Il part, mais ne revient pas. Du coup, je réitère ma demande à un deuxième permanent. Et vous savez quoi ? Lui aussi part et ne reviens pas. » Wauquiez comprend que 1 304 personnes « ont été privées de leur vote ». Les voix manquantes auraient sans nul doute conduit à la victoire de François Fillon. Lequel s'apprête à rendre cette information publique. Avant cela, il faut mettre Alain Juppé dans la confidence. François Fillon tient à ce qu'il ne l'apprenne pas à la télévision.

Déjà, les soutiens de François Fillon s'amusent à mettre les journalistes sur la piste. L'un d'eux, par texto, les invite à se pencher sur les motions. « Petite enquête édifiante à faire pour se rendre compte que les résultats des motions ont été totalement tripatouillés par la COCOE », écrit-il à 9 h 03.

Jean-François Copé renouvelle de son côté les appels au rassemblement. Dans les couloirs de l'Assemblée nationale, il embrasse Valérie Pécresse qu'il honnit pourtant depuis qu'elle a fait le choix de soutenir son rival. Copé se félicite même de l'ambiance consensuelle dans laquelle s'est déroulé le Bureau Politique. Le président de l'UMP confie avoir laissé la veille un message sur le répondeur de son adversaire pour lui proposer une vice-présidence. Refusée par la voix d'Éric Ciotti. Les copéistes regrettent que la main tendue de leur chef ne soit pas saisie. Loin, bien loin de se douter que leurs adversaires s'apprêtent à lâcher une nouvelle bombe.

À 14 h 30, le bazooka est armé. Il ne reste plus qu'à appuyer sur la détente. Le visage fermé, Laurent Wauquiez, Éric Ciotti et Valérie Pécresse entrent dans la salle de l'Assemblée nationale où ils ont convié la presse. Des dossiers sous le bras. Ils font part de leur découverte à une audience médusée : trois fédérations ont été rayées de la carte ! Le spectacle ne s'arrête pas là. Éric Ciotti avance que le président de la COCOE, Patrice Gélard, « a lui-même reconnu cette erreur lors d'un échange téléphonique avec François Fillon en fin de matinée ». Stupeur chez les journalistes. « Il s'agit d'une erreur manifeste et grave », poursuit Éric Ciotti, qui demande réparation. C'est-à-dire que la commission reconnaisse *in fine* la victoire de François Fillon avec vingt-six voix d'écart. Voilà pour la première salve. La seconde arrive une demi-heure plus tard avec un communiqué de François Fillon. Il réclame qu'Alain Juppé assure « de façon transitoire » la direction du parti.

À ce stade, les soutiens du député de Paris sont sûrs de leur coup : Jean-François Copé est dans un corner. Complètement sous pression. Obligé de céder. C'est la raison pour laquelle ils se refusent à présenter la disparition des trois fédérations d'Outre-mer comme une fraude. « Ce ne sont pas des irrégularités, c'est juste un oubli », assure alors un proche de François Fillon. *A posteriori*, un autre membre de l'équipe le reconnaît : « On a été très gentils de présenter ça comme un oubli. Parce qu'on est convaincus que ça ne l'est pas. » Le même s'interroge : « Pourquoi les salariés de l'UMP et les gens de la COCOE ne se sont pas rendu compte, au moment de l'examen des motions, de l'erreur qu'ils avaient faite la veille ? »

Voilà le discrédit jeté sur la compétence de la COCOE, et sur l'honnêteté de l'équipe Copé qui aurait cautionné, voire provoqué, cet « oubli ». Laquelle se défend de toute manipulation. « Les résultats de Nouvelle-Calédonie étaient connus de la presse dès le samedi, rappelle un soutien du député-maire de Meaux. Comment était-il possible qu'on les cache ? » Roger Karoutchi rappelle qu'il avait demandé à Patrice Gélard que le scrutin en Nouvelle-Calédonie soit annulé : « C'est bien le signe qu'on pensait qu'il avait été intégré ! En réalité, c'est un oubli qui nous fout dans la m*** plus qu'il ne nous rend service. »

Un dernier fait remarquer que parmi les représentants de François Fillon à la COCOE se trouvaient deux anciens ministres de l'Outre-mer. À savoir Christian Estrosi et Marie-Luce Penchard. « Si eux n'ont rien noté, comment auriez-vous voulu que nous, on puisse voir quoi que ce soit ? »

Il n'empêche. L'« oubli » de trois fédérations fait tache. Et permet à François Fillon de reprendre l'ascendant sur son adversaire. Aussitôt son communiqué diffusé pour réclamer l'intervention d'Alain Juppé, ses conseillers informent la presse que le député de Paris sera l'invité du 20 heures de TF1 le soir même. La séquence est réussie.

« *Il n'a renoncé à rien* »

« Alain Juppé, c'est un peu "comment faire don de mon corps à la science ?" » Voilà qui traduit, par la bouche d'un copéiste, le peu d'empressement du député-maire de Meaux de voir un troisième homme s'immiscer dans la bataille. Dès le départ, son entourage se méfie du retour du « meilleur d'entre nous ». « Juppé n'a renoncé à rien », prévient un parlementaire. Sa thèse ? Alain Juppé a tenté sa chance pendant la phase des candidatures. Il s'est rendu compte qu'il risquait de ne pas être élu. L'ancien Premier ministre essaierait donc de se faire élire « au troisième tour » en imposant une direction provisoire et collégiale. Inacceptable aux yeux des pro-Copé.

Un ancien ministre, soutien de François Fillon, le reconnaît : « Juppé président provisoire ? Fillon aurait pu s'en accommoder, pas Copé. » Un député proche de ce dernier appréhende une « complicité de castes entre anciens Premiers ministres. » Gilles Boyer, proche d'Alain Juppé, lève les yeux au ciel face à un tel argument : « De toute façon, à partir du moment où la médiation est réclamée par François Fillon, elle devient suspecte aux yeux de Jean-François Copé. »

C'est un autre ancien Premier ministre qui, sur son compte Twitter, tance François Fillon, en le faisant passer pour un mauvais perdant. Il est 15 h 45 quand Jean-Pierre Raffarin écrit : « Ceux qui ont servi Nicolas Sarkozy oublient trop vite la classe avec laquelle le Président sortant a reconnu la victoire de son adversaire ! »

Dans la foulée, Roger Karoutchi, codirecteur de campagne de Jean-François Copé, repousse la proposition de François Fillon estimant qu'Alain Juppé n'a aucune légitimité : « Il y avait deux candidats à cette élection et l'un des deux candidats a été proclamé élu par la commission des opérations électorales. » Circulez, il n'y a rien à voir !

Valérie Debord, autre soutien de l'élu meldois, le dit en des termes moins feutrés : « C'est une tentative de putsch médiatique pour prendre le pouvoir là où on ne l'a pas gagné dans les urnes ! C'est assez navrant de voir un Premier ministre dans cette position-là [1]. » Dans le camp Copé, la stratégie est claire : il faut faire passer le message à Alain Juppé qu'il n'y a que des coups à prendre dans cette bataille. Qu'il risque d'être un dommage collatéral. « De recevoir une balle perdue », explique *a posteriori* un conseiller.

Alain Juppé, qui réclamait un consensus entre les deux parties avant de s'engager, constate le blocage à 17 h 52. Il renonce à l'idée d'une direction intérimaire. Au même moment, dans son bureau, Jean-François Copé prend connaissance d'un témoignage comme tombé du ciel. Jérôme Peyrat, observateur de François Fillon pendant les travaux de la COCOE, signe la reddition de son candidat [2] : « Juridiquement, Jean-François Copé a été élu président de l'UMP. Point. » Et d'expliquer que les chiffres ont été validés par tous : « Je n'ai pas vu d'oubli. On a tous cosigné les résultats. Certes, des réserves ont été émises sur ceux de Nice, de Paris, du Nord ou de Marseille mais aucune irrégularité n'a été soulevée concernant l'Outre-mer. »

Jean-François Copé retrouve un peu d'air. Et convoque une conférence de presse au siège de

1. iTélé, 21 novembre 2012.
2. *SudOuest.fr*, 21 novembre 2012.

l'UMP. S'appuie sur les mots de Jérôme Peyrat. Invite François Fillon à saisir la Commission nationale des recours pour contester les résultats. Et propose une réunion – sans Alain Juppé – dans les plus brefs délais. À peine Jean-François Copé sorti de la salle, son équipe informe les journalistes qu'il est l'invité du 20 heures de France 2. Une façon pour lui d'imposer à nouveau son tempo. Il répondra ainsi à François Fillon qui aura parlé juste avant sur TF1. Géographiquement, ils ne sont qu'à quelques mètres l'un de l'autre, mais le gouffre n'a jamais été aussi grand.

Nouveau bras de fer

« Je ne revendique pas la présidence de l'UMP. Je renonce à la présidence de l'UMP. » Trop, c'est trop. Au bout de quatre jours de tensions, François Fillon ne veut plus du parti. Pour autant, le député de Paris n'a pas abandonné l'idée d'obtenir réparation. « J'irai jusqu'au bout », prévient-il. De nouveau, il en appelle à Alain Juppé. Mais il n'est plus question d'une direction intérimaire. Les mots de François Fillon sont pesés au trébuchet : « Ce que je demande, c'est qu'Alain Juppé, parce que c'est une personnalité incontestable, constitue une équipe qui regroupera l'ensemble des responsables de notre famille politique et nous propose une sortie de crise. »

De l'autre côté de la Seine, dans les coulisses de France 2, Jean-François Copé s'est isolé avec son épouse et deux de ses plus proches conseillers. Il n'a que quelques minutes pour préparer sa riposte. Sur le plateau de TF1, François Fillon s'apprête à abattre sa seconde carte. Celle de la justice : « Si personne n'écoute ce que je demande, si on ne met pas en place une équipe provisoire pour diriger l'UMP, alors, oui, je déposerai un recours devant la justice. » Une menace très sérieuse, comme le confirme quelques jours plus tard l'un des proches de l'ex-Premier ministre : « L'option judiciaire est effectivement ouverte tout de suite. Dès la déclaration de François Fillon à TF1. » Dès le lendemain, une requête sera déposée au tribunal de grande instance de Paris.

Jean-François Copé l'ignore au moment où il fait son entrée sur le plateau de David Pujadas. Il sait en revanche l'avantage qu'il peut tirer des déclarations de François Fillon. C'est l'occasion d'apparaître comme le modéré, le rassembleur face à un adversaire offensif. Il lui faut donc prendre le contre-pied de son concurrent, tant dans la gestuelle que dans le ton. En marketing, on appelle cela l'effet de contraste. Ainsi, Jean-François Copé apparaît abattu. Les épaules en dedans. Comme navré, physiquement atteint par la situation. Et sa première phrase n'est pas choisie au hasard : « C'est un spectacle désolant. »

Dans les loges, Jérôme Lavrilleux et Guillaume Bazaille, le conseiller presse, n'en perdent pas une miette. Copé poursuit : « Le problème, il n'est pas juridique, il est politique. » Une phrase qui prend tout son sens dans les heures qui suivent. Pour l'instant, le président de l'UMP regrette que François Fillon évoque un règlement du différend devant les tribunaux : « Je ne peux imaginer qu'il aille à une telle extrémité. »

Rendez-vous au petit matin pour l'explication de texte. Copé est l'invité d'Europe 1. La tension est encore montée d'un cran. C'est lui-même qui, cette fois, brandit, la menace judiciaire : « Le perdant a perdu. On ne va pas refaire l'élection pour cela [...] sauf à ce qu'un juge dise qu'il faut qu'on la refasse ». Le voilà qui invite François Fillon à « aller jusqu'au bout de la logique ». Que s'est-il passé durant les heures qui séparent le plateau de France 2 de l'interview d'Europe 1 pour que Copé se montre si sûr de lui ? Qu'ont bien pu découvrir ses équipes pour qu'il prenne le risque d'un règlement devant les tribunaux ? La réponse se trouve à 17 000 kilomètres des studios de la rue François-Ier.

Durant la nuit, Jérôme Lavrilleux, directeur de cabinet de Jean-François Copé, est alerté sur des irrégularités qui auraient été commises en Nouvelle-Calédonie. C'est Gaël Yanno, premier adjoint au maire de Nouméa, qui l'appelle et l'informe qu'a eu lieu un scrutin parallèle. C'est-à-dire qu'il a été possible de voter par correspondance, mais aussi par les urnes. Gaël Yanno lui raconte aussi que la fille d'une figure locale a fait du porte-à-porte pour faire voter à domicile certains militants. « Ils ont inventé l'urne transportable », ironise l'équipe Copé qui va alors frapper un grand coup. Dans le bureau de Jérôme Lavrilleux, il est décidé qu'une conférence de presse sera organisée le lendemain pour rendre publique cette découverte. Mais hors de question d'impliquer directement Jean-François Copé. « Cela faisait plusieurs jours que des politiques se succédaient partout pour dire tout et n'importe quoi », explique l'un des participants de cette réunion. Jérôme Lavrilleux se propose : « Je n'ai rien à perdre. Et puis, comme ça, on est sûrs d'être écoutés. » Dans l'esprit des « Copé boys », il s'agit aussi de déconnecter ce qui relève du politique de ce qui appartient au juridique. La nuance n'avait-elle pas été avancée quelques heures auparavant par Copé lui-même sur le plateau de France 2 ?

C'est donc une courte nuit qui se profile pour la petite bande. Jérôme Lavrilleux, peu habitué à prendre la parole devant les caméras, répète toute la nuit. Les mots et la gestuelle. Il est 4 heures du matin lorsqu'il quitte le siège de l'UMP. 7 heures lorsqu'il y revient. Le petit-déjeuner à peine avalé, ses collaborateurs informent les journalistes que le scrutin en Nouvelle-Calédonie est entaché d'irrégularités. Une annonce qui intervient quelques minutes avant l'interview matinale de Jean-François Copé sur Europe 1. Roger Karoutchi en rajoute une couche dans la matinée : « Si François Fillon veut aller en justice, qu'il y aille ! Nous ne craignons rien [1]. » L'équipe de l'ancien Premier ministre ne se

1. iTélé, 22 novembre 2012.

laisse pas impressionner. Elle transmet à la presse le procès-verbal du bureau calédonien qui ne fait pas mention du « système de vote parallèle ». Et exige une fois de plus que les résultats du vote soient publiés. Fédération par fédération.

Au huitième étage de l'UMP, Jean-François Copé a convié une vingtaine de ses soutiens pour les informer de la suite des événements. Il s'apprête à saisir la Commission nationale des recours. L'un de ses conseillers explique : « Dans une élection normale, le ministère de l'Intérieur proclame des résultats. Et le Conseil constitutionnel les valide et tranche les litiges. L'équivalent chez nous, c'est la COCOE et la CNR. » À la mi-journée, Jean-François Copé décide donc de contester les résultats qui, selon lui, le donnent vainqueur, auprès de la plus haute instance du parti. Par souci de « transparence totale », il propose aux représentants de chaque candidat ainsi qu'à Alain Juppé d'observer les travaux de la commission. Voilà l'ancien maire de Bordeaux revenu dans la course.

Alain Juppé ne tarde pas à saisir la main tendue de Jean-François Copé. Mais suggère, plutôt que d'observer les travaux de la CNR, de présider une instance collégiale pour réexaminer les résultats. Proposition aussitôt acceptée par François Fillon… mais refusée par son adversaire ! Du moins, en apparence. Car en coulisses, ses équipes ont pris contact avec Alain Juppé. C'est Éric Woerth, proche de l'ancien Premier ministre, qui est chargé de passer ce message : OK pour assurer une médiation, mais il doit dire publiquement qu'il n'a aucune volonté de s'emparer durablement de l'UMP. Message reçu cinq sur cinq par l'édile de Bordeaux qui à 14 heures avance une nouvelle offre : la création d'une instance collégiale sous sa présidence avec des représentants des deux candidats et des personnalités n'ayant pas pris parti. Il écrit : « Cette instance s'appuierait sur les commissions statutaires compétentes et aurait pour tâche, dans un délai de dix jours, de réexaminer les résultats [...]. Ma proposition tient jusqu'à ce soir 20 heures. »

Au même moment, Jérôme Lavrilleux règle les derniers détails de son « coup d'éclat ». Et il a beau connaître par cœur son discours, force est de constater que dès son entrée dans la salle de presse, le directeur de cabinet de Jean-François Copé ne quitte plus sa feuille des yeux. La bouche sèche, il dresse la liste des irrégularités supposément commises par le camp Fillon. Les accusations sont lourdes : « Bourrage d'urnes massif », « turpitudes délibérées de l'entourage zélé de monsieur Fillon » et autres réjouissances qui conduisent Éric Ciotti, personnellement mis en cause, à déposer une plainte en diffamation.

Rue Saint-Dominique, les conseillers de François Fillon sont saisis d'effroi. « C'est n'importe quoi ! Il a pété un plomb », maugrée l'un d'entre eux. Un autre tique sur l'une des phrases prononcées pendant les quatre minutes de discours : « Lavrilleux dit au sujet des procurations : “Pour ceux que ça intéresse, nous en tenons à votre disposition un grand nombre”. Comment peut-il mettre à disposition des journalistes des pièces auxquelles nous-mêmes n’avons pas accès ? Les jours précédents, aucun d’entre nous n’a pu mettre les pieds à l’UMP. Ce qui est fou parce que nous sommes tous militants ! » Le même poursuit : « On avait un doute. Levé par Jérôme Lavrilleux. Une fois de plus, il y a iniquité de moyens puisque Copé a accès à des pièces que nous n’avons pas. » Le conseiller s’agace aussi que le directeur de cabinet insinue une probable disparition des preuves : « Il est gonflé ! C’est quand même eux qui ont les clés ! » De cette conférence de presse, l’équipe de François Fillon retient que leur adversaire est potentiellement en train de préparer un dossier à présenter à la justice. Qu’il accumule les preuves. Il faut mandater un huissier pour qu’il aille récupérer, pour le compte de l’ancien Premier ministre, des pièces justificatives.

L’entourage d’Alain Juppé a aussi été saisi par la teneur des propos de Jérôme Lavrilleux. Mais il y voit l’opportunité de mettre les choses à plat et de commencer à travailler sur une conciliation entre les frères ennemis de l’UMP. « Après la conférence de presse, Alain Juppé a toute la légitimité politique pour arbitrer le différend », explique Gilles Boyer. L’équipe s’attelle à la rédaction d’un communiqué. Entre-temps, Jean-François Copé fait savoir qu’il se soumettra au verdict prononcé par une commission *ad hoc*, pilotée par le maire de Bordeaux, et qui jugera les résultats validés par la Commission des recours et la COCOE.

À 19 h 15, Alain Juppé se félicite que sa proposition ait été acceptée par les deux parties. Il annonce une rencontre avant la fin de la semaine. Le communiqué, écrit à la première personne, précise qu'Alain Juppé souhaite auditionner Patrice Gélard, président de la COCOE, et Yanick Paternotte, son homologue à la CNR, pour « fixer avec lui un calendrier de travail et les conditions dans lesquelles cette commission rendra compte de ses travaux ». Fin du psychodrame ? Plutôt le début d'une autre galère.

Enchaînement de fautes

« Là, on a commis une erreur. » L'aveu est de Gilles Boyer. Le collaborateur d'Alain Juppé estime que dès le jeudi soir, le ver est dans le fruit. « On n'a pas été assez directifs, reprend-il. Il fallait fixer les conditions. Dire que l'on souhaite inviter Patrice Gélard pour nous expliquer comment il a travaillé. Convoquer Yanick Paternotte à une date précise pour se mettre d'accord sur la façon dont procédera la CNR. Expliquer aussi, dans le détail, qui composera la commission. À ce moment-là, on a perdu le *momentum* parce qu'on a voulu être bien élevés. »

Pas assez autoritaire, Alain Juppé ? Valérie Pécresse, sentant venir le coup, exige que la médiation de l'ex-Premier ministre de Jacques Chirac prime sur la Commission des recours. Elle propose, pour siéger à ses côtés, des « personnalités irréprochables et de grande qualité » non affiliées « au clan Copé ». Las, il est trop tard. L'offre d'Alain Juppé est encore fumante que la CNR annonce à l'AFP qu'elle entamera ses travaux le dimanche matin à 11 heures. Alain Juppé, lui, n'a même pas eu le temps de préciser l'horaire auquel il souhaite s'entretenir avec ses deux cadets ! Pour couronner le tout, Patrice Gélard reconnaît publiquement, à la télévision, que la prise en compte des trois fédérations d'Outre-mer aurait sans doute conduit à une inversion des résultats. C'est-à-dire à une victoire de François Fillon.

Le camp Copé admet ses torts : « Le sale coup qu'on fait, c'est de dire : la Commission des recours d'abord. Notre condition, c'est "on négocie mais vous reconnaissez d'abord que j'ai gagné". » Ce que refuse dans un premier temps son rival. « Je n'accepterai aucune des conclusions de la Commission des recours [1] », tempête le député de Paris. Et de gronder : « Un parti politique, ce n'est pas une mafia. Ce n'est pas un endroit où on peut étouffer les affaires, refuser de dire la vérité. » L'ex-Premier ministre est-il emporté par sa colère ? Un proche jure que la tirade a été répétée.

Alain Juppé de son côté enfile ses habits de pompier. Depuis Bordeaux, il invite l'un et l'autre des prétendants à la présidence de l'UMP à le rejoindre

1. RTL, 23 novembre 2012.

le dimanche soir dans un endroit neutre. Il leur demande, ainsi qu'à leurs lieutenants respectifs, de s'abstenir d'attaques personnelles d'ici là. Enfin, il propose dans un souci d'apaisement que les membres de la CNR sursoient à leur première réunion et que ceux « qui ont pris position pendant la campagne se déportent ». Une façon de garantir l'impartialité de cette instance. Et de répondre aussi aux exigences de chaque partie.

« L'erreur politique de Fillon ensuite, c'est de pondre un communiqué pour dire amen à chacune des propositions de Juppé », juge un observateur. De fait, dans les cinq minutes qui suivent la prise de parole de l'édile bordelais, son lointain successeur à Matignon accepte toutes ses conditions : « Je considère désormais qu'une issue existe pour retrouver l'unité et la sérénité de notre mouvement. » L'autre erreur de François Fillon, c'est d'anticiper les résultats de la médiation à venir. C'est un membre de son équipe qui vend la mèche : « C'est vrai que la veille, on évoque déjà l'idée d'une pétition en faveur d'un nouveau vote. On se dit que Juppé ne peut arriver qu'à cette conclusion. On est prêts à dégainer la semaine qui suit. Et à faire monter la pression. »

Les communiqués de presse incessants et la rumeur d'une pétition finissent de convaincre Jean-François Copé qu'Alain Juppé et François Fillon se sont alliés contre lui. Une lecture rejetée par un parlementaire : « Jean-François a pensé qu'Alain roulait pour lui-même et qu'il s'était ligué avec Fillon pour le bouter. L'histoire montrera que c'est une erreur. » Il n'empêche, Copé est persuadé qu'un putsch se prépare dans son dos. Il lui faut donc déjouer ce qu'il considère comme un complot. Et c'est l'un de ses soutiens, Yanick Paternotte, par ailleurs président de la Commission des recours, qui s'en charge. « Nous entendons déclarer nos responsabilités [1] », déclare l'ancien député, qui refuse le retrait des membres ayant pris parti pour l'un des candidats. En revanche, il invite Alain Juppé à « observer » les travaux de la CNR. L'entourage du Girondin comprend à ce moment que la médiation est compromise.

« Dis à Paternotte de se déporter ! » intime Alain Juppé à Jean-François Copé. Lequel répond : « Je ne peux pas lui parler, il est indépendant. » Le président de l'UMP campe sur sa position depuis le début de la crise : les statuts, les statuts, rien que les statuts. « Vous ne pouvez pas destituer des gens qui ont été élus », reprend en chœur Rachida Dati. Malgré ce point de blocage, une réunion est tout de même prévue le dimanche à 19 heures. Advienne que pourra. Une chose est sûre : d'ici là, Alain Juppé ne prendra plus la parole. Et surtout, il ne cautionnera pas les travaux d'une commission sur laquelle il n'a pas le contrôle. Il supervise ou rien. En l'occurrence, ce sera rien. Son entourage fait savoir

1. AFP, 23 novembre 2012.

qu'Alain Juppé ne sera ni présent, ni représenté autour de la table de la CNR dimanche.

Jeu, set et match

Comment reprendre la main ? Comment gagner du temps ? Voilà les deux questions que se posent les équipes de François Fillon vendredi soir. Elles ont compris que la sortie de Yanick Paternotte menace de tout faire capoter. Il faut contre-attaquer. Éric Ciotti fait savoir que « conformément à la demande formulée par Alain Juppé », François Fillon saisit la Commission des recours. Le candidat conteste les conditions d'organisation du scrutin, dénonce des irrégularités dans vingt-cinq départements et rejette la composition même de la CNR.

« Il est bien évident qu'aucun résultat définitif du vote ne pourrait être proclamé avant l'examen de ce recours », met en garde le directeur de campagne, prenant soin de préciser que le courrier a été envoyé « avant l'expiration du délai statutaire ». Coquetterie ? Absolument pas ! L'entourage de François Fillon a décelé une faille dans le guide électoral de l'UMP. Dans ce guide, il est précisé que les recours « doivent être adressés au président de la Commission […] dans un délai de cinq jours calendaires après l'élection contestée par lettre recommandée et uniquement par ce moyen postal [1] ». Mais comment

1. Guide électoral de l'UMP, p. 13.

comprendre le verbe « adresser » ? Les recours doivent-ils être envoyés ou reçus dans un délai de cinq jours ? C'est sur ce point de droit que se joue un nouveau bras de fer.

« On a joué la montre. En envoyant notre courrier au dernier moment, l'idée était clairement que la CNR ne l'ait pas reçu dimanche matin. Et donc qu'elle suspende ses travaux. Qu'elle ne puisse rien déclarer. Et qu'Alain Juppé reprenne l'ascendant politique et installe sa médiation. » Voilà donc la stratégie des pro-Fillon. Mais Yanick Paternotte ne l'entend pas de cette oreille. Il considère que la requête aurait dû lui être remise « au plus tard le samedi 24 novembre à 22 heures », comme il l'écrira plus tard dans le compte-rendu de la délibération de la CNR. En conséquence, il est hors de question de changer quoi que ce soit au calendrier.

Rendez-vous dimanche matin au 238, rue de Vaugirard. Il fait froid, très froid. Les journalistes grelottent devant le rideau baissé de l'UMP. « S'il y avait eu plus de candidats, le second tour aurait eu lieu aujourd'hui », constate l'un d'eux. Les membres de la CNR arrivent au compte-gouttes, suivis des représentants de François Fillon et de Jean-François Copé. Roger Karoutchi, directeur de campagne de ce dernier, ne résiste pas à un bon mot devant les caméras : « Dites, faut qu'il apprenne à envoyer un courrier, François Fillon ! » Quelques minutes plus tard, Jérôme Lavrilleux surgit au coin de la rue, les bras chargés de deux dossiers sur lesquels il est marqué au gros feutre : « Nice 06 » et « Nouvelle-Calédonie et autres ». Un copéiste raconte : « Jérôme tenait à ce que ce soit des classeurs rouges et pas d'une autre couleur. Et c'est lui-même qui a écrit au marqueur sur les tranches. » Au côté du directeur de cabinet de Copé : l'avocat et militant UMP Francis Szpiner. « Szpiner, ça renvoie à Chirac dans l'esprit des adhérents », explique un conseiller.

À quelques kilomètres de là, Alain Juppé vient d'arriver à Europe 1. L'interview est prévue de longue date. « On a hésité à l'annuler », confie Gilles Boyer. Mais ce n'est pas le genre du maire de Bordeaux de se défiler. Il faut aller jusqu'au bout et honorer l'invitation. Quand l'émission démarre, Alain Juppé ne sait pas précisément ce qui se passe à l'UMP. Gilles Boyer détaille : « On a des doutes. On sait que la CNR est en retard. Mais on ne sait pas si les représentants de François Fillon y sont. »

Ils y sont, mais plus pour longtemps. L'alerte tombe en plein direct : Éric Ciotti a claqué la porte, constatant qu'Alain Juppé n'était pas représenté. Ce dernier lâche au même moment à la radio : « Je me place dans l'espoir de réussir, même si j'ai très peu de chance. » Il reste huit heures avant que les trois hommes ne se retrouvent et le « pacificateur » est pessimiste.

Tout au long de la journée, les équipes d'Alain Juppé se demandent si la réunion de 19 heures aura bien lieu. Après tout, qu'est-ce qui empêche la

CNR de proclamer un résultat avant ? Face à cette crainte, l'entourage de Fillon transmet ce message à l'AFP aux alentours de 17 heures : « La Commission nationale des recours de l'UMP ne peut rien décider tant qu'elle n'a pas examiné tous les recours. »

Quelques minutes plus tard, nouvel accès de fièvre au siège de l'UMP : Stéphan Rossignol, soutien du député de Paris, décide de quitter la CNR. « C'est une mascarade, on se fout de nous ! » répond-il à un autre membre de la commission qui essaye de le retenir. Il racontera plus tard aux fillonistes que son téléphone lui avait été confisqué à l'entrée de la réunion, pour éviter tout contact avec l'extérieur. Selon lui, les copéistes n'étaient pas soumis à la même règle. »

En coulisses, chaque équipe pousse ses pions de manière plus ou moins habile pour torpiller la médiation Juppé. L'entourage de Copé médit du maire de Bordeaux : pas assez impartial, trop impliqué, mû par son ambition personnelle : « Vous remarquerez qu'il n'a rien reproché à François Fillon pendant la campagne, alors qu'il a exprimé de très nombreux désaccords avec Copé. Il a même dit qu'il avait passé la ligne jaune ! » Les élus fillonistes, eux, commencent à réclamer publiquement un nouveau vote.

À 18 heures, Alain Juppé quitte Saint-Maur-des-Fossés pour rejoindre l'Assemblée nationale. Gilles

Boyer raconte : « On apprend alors que la CNR suspend ses travaux en attendant les résultats de la rencontre. » Un bon signe qui permet au « pacificateur » de traverser la cour du Palais Bourbon plus optimiste qu'il ne l'était dans les studios d'Europe 1. Dans sa poche, une offre ferme et précise : que la CNR soit placée sous son autorité politique, et non juridique. Ce qui permet de respecter les statuts de l'UMP.

À 19 h 12, alors que la réunion vient à peine de commencer, un bandeau défile sur iTélé : « Jean-François Copé va faire des propositions à Alain Juppé et François Fillon. » Les entourages comprennent qu'il ne sortira rien de la réunion. Un conseiller : « Ce que j'interprète, c'est que Copé veut pouvoir dire : j'ai fait des propositions, elles ont été refusées. » De fait, il suggère la création d'une instance collégiale qui serait placée sous l'autorité du président, mais qui primerait sur le Bureau Politique. Alain Juppé et François Fillon pourraient y siéger. Ce dernier refuse : « Sa proposition n'est pas statutaire et implique qu'il soit reconnu président. » Copé rejette de son côté la solution Juppé : « Tout ça n'est pas raisonnable. La médiation est biaisée. » Fin de la réunion.

« Le clan Copé a été habile dans la mise en application d'une tactique suicidaire », s'emporte un proche d'Alain Juppé. Gilles Boyer se console : « À l'époque, les mettre autour d'une table était déjà en soi une réussite. C'était tendu, mais il n'y a pas eu d'éclats de voix. » Un troisième, le député Benoist Apparu, ironise sur Twitter : « Un nouveau courant pour l'UMP : la Droite morte ! »

Acte 5

Le grand bluff

« Pour un dilettante, ce monsieur est en fait remarquablement doué. » *Dans Le Joueur d'échecs*, roman préféré de Jean-François Copé, écrit par Stefan Zweig, la phrase est signée du personnage principal, Mirko Czentovic. Le président de l'UMP aurait très bien pu la prononcer au soir du 25 novembre.

Les échecs, pas vraiment la passion de François Fillon. Lui, c'est plutôt la Formule 1, la vitesse, les tours de circuit à toute allure. Dès le début de la crise, pourtant, il pousse ses pions avec une habileté et une opiniâtreté qu'on ne lui connaissait pas jusqu'ici.

La médiation Juppé a échoué ? L'équipe de l'ex-Premier ministre l'avait anticipé. « L'avait souhaité », rétorque l'entourage de Jean-François Copé qui avance à l'appui de sa démonstration la requête déposée au tribunal avant la réunion tripartite. « Cela montre bien que Fillon a tout fait pour torpiller Juppé, insiste un conseiller, puisque l'une de ses conditions était qu'il n'y ait pas de recours en justice. » La garde rapprochée du député de Paris s'en défend. Les deux pistes ont été étudiées en parallèle : « D'ailleurs, nous avions une ordonnance qui nous permettait d'envoyer un huissier saisir des documents à l'UMP. Nous ne l'avons pas utilisée pour ne pas court-circuiter Alain Juppé. Quelque part, on avait espoir que Copé n'ose pas faire échouer une médiation autrement plus légitime que la COCOE et la CNR. » Espoir manifestement déçu. Mais l'équipe du candidat peut se targuer cette fois-ci d'avoir tout prévu pour ne pas se retrouver dos au mur.

Éric Woerth fait partie de ceux qui très tôt sont dans la confidence. L'ancien ministre raconte : « L'histoire du groupe parlementaire prend corps dès dimanche soir. Fillon m'appelle, m'en parle. » Le député de l'Oise est à première vue plutôt réservé. Comme tant d'autres des parlementaires contactés par l'ancien Premier ministre. Dans quelques jours pourtant, leurs réticences auront fondu comme neige au soleil. Ils sont plusieurs à sauter le pas et quitter le groupe UMP pour son cousin germain, le Rassemblement UMP.

La deuxième semaine du conflit, c'est donc une guerre des nerfs, une guerre d'usure, un bras de fer psychologique qui démarre. Une partie de poker XXL qui se joue à l'UMP. « Le premier qui craque a perdu », résume un ancien cadre du RPR. Chaque méthode, chaque carte est bonne à jouer, quitte parfois à se renier, à contredire sa propre stratégie ou celle de son camp. François Fillon va se révéler redoutable. L'un de ses partisans lui a même assigné le générique du film *Le Parrain* comme sonnerie de téléphone.

La carte justice

« C'est une arme de dissuasion atomique », commente un filloniste. « Une bombe nucléaire », pour Luc Chatel. Puisque les moyens de recours internes au parti ne sont pas incontestables, Fillon décide de passer au stade supérieur. Saisir de manière effective la justice. La menace est de nouveau lâchée dès le dimanche soir, après l'échec de la médiation Juppé. Une arme lourde pour tenter de résoudre la crise. Un recours en justice qui suscite immédiatement l'inquiétude et l'agacement à l'UMP. Jusque-là, ce n'était « qu'un moyen de dernier recours », avait expliqué le député de Paris.

Lundi 26 novembre, au lendemain de la rencontre avortée autour de Juppé, un huissier débarque dès potron-minet à l'UMP. Des dizaines de journalistes patientent sur le trottoir, prévenus par SMS par l'équipe du candidat. Que vient-il faire rue de Vaugirard ? Alors que la Commission des recours est encore en plein travail, l'officier d'État civil a été mandaté par le juge pour « saisir à titre conservatoire » les données électorales conservées au siège du parti. L'homme est rapidement reconduit à la porte par l'équipe dirigeante. « Nous lui avons simplement expliqué qu'il était hors de question de confier le moindre document tant que la CNR était en train d'examiner l'ensemble du scrutin, explique l'entourage de Jean-François Copé. Et de toute façon, les documents sont déjà sous scellés et sous le contrôle d'huissier. » Aussi, le conseil juridique du président proclamé conteste auprès d'un juge l'ordonnance délivrée à François Fillon. Le magistrat constate qu'en effet, il n'est pas possible de poser de seconds scellés. Mais il permet à l'huissier mandaté par l'ancien Premier ministre de revenir vérifier sur place que les documents sont bien gardés. Il l'autorise aussi à demander une copie intégrale des documents. Il avait jusqu'au vendredi 30 novembre 18 heures pour le faire. Les permanents du parti ne l'ont jamais revu. Pour l'anecdote : l'huissier mandaté par François Fillon et celui recruté par Jean-François Copé sont de vieilles connaissances. Et leur inimitié est notoire dans les couloirs du tribunal de grande instance de Paris !

Dans les médias, l'avocat de François Fillon, Maître François Sureau, a pris le relais des politiques. Il accuse la direction de l'UMP d'avoir « refusé d'exécuter une décision de justice ». C'est désormais lui qui s'expose en première ligne. Le dimanche suivant, il indique dans *Le Journal du Dimanche*[1] que la plainte de son client est prête à

1. *Le Journal du Dimanche*, 1er décembre 2012.

être déposée. « Dès que l'instruction m'en sera donnée, je demanderai au juge d'annuler cette élection », dit-il. Un argument pour le justifier : « L'ampleur de la triche ne nous est apparue qu'après coup. Rien ne nous permettait de deviner une telle manipulation. La voie judiciaire semble aujourd'hui la seule ouverte pour trancher ce différend. » Alors pourquoi maintenir cette éventualité, pour le moins catastrophique sur le plan politique et vis-à-vis des militants ? « Un ancien Premier ministre ne va quand même pas porter plainte contre sa propre famille ? » s'indigne Roger Karoutchi. Les trémolos du codirecteur de campagne de Jean-François Copé ne suffisent pas à émouvoir le camp Fillon dont les motivations restent intactes.

Il faut que la vérité éclate. Et les solutions pour y arriver se comptent sur les doigts d'une main. Un filloniste l'admet : « Après la validation du vote par la CNR, il ne restait plus beaucoup de cartes pour faire pression sur Copé. » Médiatiquement, l'opération est payante aussi. Pour l'opinion publique, Fillon apparaît comme un homme déterminé, prêt à tout pour laver son honneur, victime d'une incroyable machination. « C'est un peu David contre Goliath », pousse un membre de son équipe, prêt à toutes les caricatures. François Fillon est pourtant le premier à savoir que sa plainte ne franchira jamais le cap de la menace. Ne serait-ce que parce que son adversaire est prêt à renchérir.

François Fillon veut aller au civil ? Jean-François Copé, lui, évoque le pénal ! « Tu es sûr de sortir gagnant ? » Cette question menaçante, c'est Jean-François Copé qui la prononce en regardant droit dans les yeux l'ancien Premier ministre. La phrase est lâchée lors d'un de leurs nombreux rendez-vous à l'Assemblée nationale. Fillon ne relève pas. Copé relaye publiquement l'avertissement lors d'un discours à Nancy le 2 décembre. Ses équipes invitent à regarder le texte de près. Une phrase est précisément adressée à son rival : « Le scrutin n'est pas régulier ? Après deux proclamations successives ? Qu'attendent les perdants pour aller en justice, comme ils en font la menace, pour ajouter le ridicule au pathétique ? » Le message est clair.

Mais alors pourquoi les copéistes sont-ils si sûrs d'eux ? Au siège du parti, on prétend que, « s'il y a procès, ce sont les amis de Fillon qui seront condamnés au pénal ». Au pénal ? « Oui pour faux, usage de faux et recel de documents officiels. Nous avons des preuves matérielles, assure l'entourage de Copé. Un conseiller précise que les faux concernent des centaines de procurations douteuses où la signature ne correspond pas au paraphe sur la pièce d'identité. Des documents toujours sous scellés. Invérifiable. Mais visiblement suffisant pour faire passer les envies judiciaires de la team Fillon.

Le recel est l'autre angle d'attaque des copéistes, qui accusent l'équipe adverse d'avoir utilisé de faux parrainages pour gonfler le chiffre annoncé à la presse. Des parrainages initialement récoltés pour Christian Estrosi à l'époque où il ambitionnait d'être lui-même candidat. Autour de Copé, on est sûr que le maire de Nice a illégalement transféré les formulaires à François Fillon, en changeant le nom sur les procurations sans en informer les parrains. « Nous en avons des centaines comme ça », assène un conseiller de Copé. Invérifiable là aussi. Mais un outil de pression supplémentaire en direction du concurrent. Chacun montre ses muscles. Comme il peut.

La carte financière

L'argent est le nerf de la guerre, en politique plus encore. Depuis sa défaite en juin 2012, la droite est dans une situation financière plus que délicate. Des rentrées financières gravement diminuées qui devraient passer de 35 à 25 millions d'euros en 2013. Il faut donc trouver des économies à faire dans chaque tiroir : François Fillon sait qu'il peut faire très mal en frappant au portefeuille. En parallèle de la pression judiciaire, la menace d'un groupe parlementaire autonome est brandie. De quoi priver Copé de tout oxygène. Étouffer le parti. Car si jamais le nouveau groupe, le R-UMP était rattaché financièrement à une autre formation que l'UMP, le parti créé par Jacques Chirac n'aurait plus les moyens d'exister.

Faut-il tuer l'UMP ? La question s'est longuement posée parmi les fillonistes. Un très proche de l'élu de Paris l'affirme : « Lors des premières discussions autour de la création d'un groupe autonome, Fillon a dit : "Nous partons avec les financements". » La scène se passe au Musée social, à deux pas du Palais Bourbon. L'ancien Premier ministre est décidé à couper l'herbe sous le pied de Jean-François Copé. « La seule manière pour le faire céder », dit-il à certains de ses amis. La salle, jusqu'au-boutiste, applaudit à tout rompre. Un homme prend alors la parole. Il s'agit de Dominique Dord, trésorier démissionnaire de l'UMP. Son intervention sera décisive : « Je voulais vous dire que si le rattachement financier est affilié à un autre parti, c'est la faillite de l'UMP. On a emprunté de l'argent auprès des banques sur la base de 200 parlementaires. Si on retire le financement, on ruine l'UMP et vous en serez les fossoyeurs. Il y aura un plan social au parti dont on vous accusera d'être responsables. » En quelques secondes, le député de Savoie vient de retourner la salle. Ce qui devait être une menace à même de faire plier Copé perd de sa substance. Les fillonistes ne veulent pas aller trop loin. Ils décident donc de créer un groupe, tout en laissant l'argent à l'UMP et donc à Jean-François Copé.

Pourquoi ce revirement ? « Nous étions partagés », raconte un député filloniste. « L'argument de Dominique a été décisif, on ne pouvait pas revenir dans nos circonscriptions et justifier à nos militants d'avoir tué l'UMP. » Mais certains jugent que Fillon vient d'anéantir son dernier espoir de pression sur le camp adverse. Beaucoup rapportent un échange qui aurait eu lieu entre Nicolas Sarkozy et Nathalie Kosciusko-Morizet. L'ancien chef d'État jugerait que « c'est une faute politique de ne pas être parti avec le financement ». Surprenant de la part de l'ancien président de l'UMP.

Argent ou pas, le groupe dissident à l'Assemblée nationale commence à faire douter les copéistes les plus radicaux. Ont-ils raison de s'accrocher à la présidence de l'UMP ? Ne font-ils pas une erreur ? Les parlementaires les plus neutres les alertent : « Cela commence à être vraiment difficile en circonscription. Sur le terrain, nous sommes les commerciaux d'une entreprise en faillite. Les électeurs nous en veulent. » Le président du groupe UMP, Christian Jacob, les cajole. Apaise les tensions. Calme les esprits. Surtout, ne pas trop bouger, ne pas trop brusquer, ne pas hausser le ton, ne pas provoquer de rupture définitive. Il faut laisser la possibilité à ceux qui voudraient revenir de le faire en gardant la tête haute. Le député de Seine-et-Marne souffre de la situation. « Perdre 70 députés d'un coup, ça fait mal, confirme son entourage. On a du mal à encaisser. » Roger Karoutchi est moins patient : « Ils veulent deux groupes ? Eh bien ils vont les avoir les deux groupes ! À la région Ile-de-France par exemple, où l'UMP est représentée par Valérie Pécresse ! » Dès la deuxième semaine, le codirecteur de campagne de Copé rassemble ses soutiens franciliens. La bande s'interroge sur l'opportunité de faire dissidence. Un jeune conseiller régional argue que les copéistes passeraient alors pour les diviseurs. L'argument fait mouche. Autour de Valérie Pécresse, une tout autre explication est avancée : « Ils se sont surtout rendu compte qu'ils n'étaient qu'une petite dizaine et que ça ne pesait pas beaucoup ! »

C'est peu dire que la création de R-UMP est une carte maîtresse du jeu de François Fillon. Qui divise les copéistes entre « ultras » et « modérés ». Les tenants du dialogue et ceux qui veulent prolonger l'affrontement. Une chose est sûre : depuis la création du groupe filloniste, les députés de droite ont constaté que Jean-François Copé assiste encore plus qu'avant à des séances de nuit de l'Assemblée nationale. « Pour marquer sa différence et montrer son implication dans le travail parlementaire, explique l'un de ses conseillers. Ce n'est pas François Fillon qui viendrait passer des heures sur ces bancs ! » La stratégie est limpide : pousser celui qui est encore un peu son adversaire à le suivre sur une voie qu'il se refuse d'emprunter.

L'OPA de Baroin

« L'amitié n'a pas à entrer en ligne de compte en politique. » C'est peu dire que la phrase de François Baroin dans le *JDD* [1] a du mal à passer auprès de Jean-François Copé. Beaucoup de mal. Pour Copé,

1. *Le Journal du Dimanche*, 30 septembre 2012.

c'est une trahison douloureuse. Comment son ami, membre comme lui de cette bande de « Mousquetaires », celui avec qui il a grandi en politique à l'ombre de Jacques Chirac, comment François Baroin a-t-il pu choisir François Fillon, et en des termes aussi durs ? Le député-maire de Meaux ne comprend pas. François Baroin s'agace de son côté d'être présenté comme un traître par celui qu'il qualifie désormais de « collègue au gouvernement[1] ». « C'était un partenaire politique avec lequel j'ai fait un bout de chemin, c'est tout, se défend le maire de Troyes. En acceptant l'invitation à son mariage, je ne savais pas que cela m'engageait à voter pour lui. » La rupture est définitive.

Dans le camp de l'ancien Premier ministre, on savoure le mauvais coup porté à l'adversaire. Plus qu'un ralliement, François Baroin est une prise de guerre importante. Et pourtant, elle va devenir un boulet aux yeux de nombreux élus et hommes de l'ombre. « Baroin, c'est un homme froid, calculateur, sans une once de sentiment », se plaint un ancien ministre de Bercy. Un autre, qui l'a côtoyé des années au gouvernement : « François Baroin est un garçon assez énigmatique. Il avait lancé tellement de témoignages d'amitié à Copé ! Il ne faut pas exagérer, Jean-François n'a pas changé du tout au tout, Baroin a quand même trahi son copain dans cette histoire ! » Une critique revient souvent

1. « Les coups de colère de François Baroin », Saïd Mahrane, *Le Point*, 13 décembre 2012.

dans l'entourage de François Fillon : l'élu de Troyes manquerait de courage. Un parlementaire chevronné analyse : « Il monte au créneau très rarement durant cette période de tension. Il sort de sa tranchée pour surprendre l'adversaire de temps en temps, sans prendre trop de balles, et lors de l'assaut final, il reste au camp. » Beaucoup racontent que François Baroin fut l'un des plus extrémistes pendant les quinze jours qui ont suivi l'élection, encourageant l'ancien Premier ministre à créer le R-UMP, à saisir la justice, à ne rien laisser passer. Pour galvaniser les troupes, il répète souvent que « Copé a franchi la ligne rouge. »

Longtemps, les élus ont craint que le député de l'Aube ne s'empare du groupe parlementaire. Un ancien ministre de Bercy le certifie : « Il devait y avoir un deal pour que Baroin préside le R-UMP. Fillon me l'a dit en tête-à-tête. J'ai attiré son attention sur son extrême prudence. Baroin joue sa partition, pas celle de Fillon. » Ils sont plusieurs à alerter l'ancien Premier ministre. Son idée de groupe ne fonctionnera que s'il en assume lui-même la responsabilité. Que s'il mouille la chemise. Il ne faut pas déléguer la tâche aux ralliés de la dernière heure. « Je ne suis pas sûr de rester dans un groupe présidé par Baroin, prévient un autre ministre. Moi, je suis là pour Fillon. » Un parlementaire s'énerve : « On ne peut pas faire ça au-dessus de nos têtes. On a pris des risques en quittant l'UMP. » L'affect entre également en ligne de compte. Certains députés craignent la réaction de Christian Jacob, qui comme

Copé fut un proche du maire de Troyes. « Si Baroin prend le groupe, ça va mal se passer, prédit un élu. S'il prend les députés en otage, Christian sera furieux. Ils sont amis depuis des années ! » « Mes amis de cœur ne sont pas en politique », répond en écho l'ancien ministre du Budget.

Autour de François Fillon, dans la petite équipe qui a fait campagne, c'est aussi la gueule de bois après quinze jours de bataille. Le constat est simple : les premiers recrutés au groupe sont les collaborateurs de François Baroin. « Il n'a pas de mainmise sur le R-UMP, explique un homme de l'ombre, mais il a une influence très forte dans l'après-campagne chez Fillon. L'arrivée de Stéphane Juvigny par exemple est loin d'être anodine. » Stéphane Juvigny, ancien chef de cabinet adjoint à Bercy, à qui échoit le très stratégique poste de secrétaire général. Son recrutement en fait tousser plus d'un : « Même nous on n'a pas encore été recasés ! » « Vous l'avez vu ce type pendant la campagne ? fait mine de s'interroger un autre conseiller. Nous, non. » Ils ont pour certains parcouru la France six mois durant dans le sillon du candidat. Laissant de côté les propositions d'embauche pour s'adonner à leur passion. Et les voilà aujourd'hui non seulement défaits, mais aussi tenus à l'écart des rares postes qui se libèrent. Ceux qui connaissent François Baroin ne sont pas surpris de la tournure prise par les événements. « N'oubliez pas que François est un pêcheur. Il peut attendre des heures le bon moment pour remonter le poisson, rappelle l'un de ses amis.

C'est un chasseur aussi. L'instinct de prédateur ne l'abandonne jamais. »

L'entourage de François Fillon est donc inquiet. Il redoute la démobilisation de son champion. Et si l'ancien Premier ministre les abandonnait ? Et s'il était tenté de tout lâcher ? La crainte est réelle. « Il ne répond plus à mes textos », se lamentent les uns. « Il ne veut plus faire de communiqués », constatent les autres. « J'ai peur qu'il ne quitte tout sur un coup de tête, qu'il claque la porte de la politique, cet univers que Pénélope, sa femme, déteste tant », révèle l'un de ceux qu'il fréquente dans le privé.

Et s'il embrassait la carrière d'avocat ? Après tout, ne s'était-il pas assuré, avant de quitter Matignon, de signer un décret [1] pour simplifier les formalités d'accès à la profession ? Voilà qui accrédite la rumeur qui enflamme le tout-Paris et que les copéistes relayent. Un proche du député-maire de Meaux raconte : « Vous savez, lors de ses rencontres avec Jean-François, il lui a posé beaucoup de questions sur son expérience dans les cabinets juridiques. » Ceux qui connaissent vraiment bien François Fillon en doutent : « Depuis le début, Copé mise sur le fait que François va se déballonner. Mais c'est allé trop loin, il ne peut plus désormais. »

1. Décret paru au Journal Officiel du 4 avril 2012.

Accélérer ou ralentir ?

Ne pas fléchir. Dans cette guerre de l'usure qui s'opère après le scrutin du 18 novembre, c'est la course aux ultras. Aux têtes brûlées. C'est à celui qui parviendra à convaincre le mieux son leader de ne rien lâcher face à l'adversaire. Et à ce jeu-là, l'égalité est quasi-parfaite. D'un côté, Valérie Pécresse, Éric Ciotti et François Baroin. De l'autre, Jérôme Lavrilleux, Roger Karoutchi et Michèle Tabarot. Ce sont ceux qui ont le plus à perdre en cas de victoire de l'adversaire. Prêts à aucune concession. Roger Karoutchi confie par exemple qu'il n'est pas favorable à la proposition de Copé d'écourter son mandat pour revoter : « Je lui ai dit qu'il allait passer pour un faible. Mais c'est sa décision et je la respecte. » Ne laisser paraître aucun signe qui pourrait faire croire à une détermination à la baisse. Quitte à trop en faire devant les caméras. Le plan ne peut fonctionner qu'à une condition : que le chef ne soit pas traversé de doutes.

Dimanche 30 novembre. Comme souvent pendant la campagne, la bombe est lâchée par *Le Journal du Dimanche*. L'hebdomadaire croit savoir que « le camp Copé se fissure. » En cause : une déclaration de Luc Chatel. Le nouveau numéro 2 de l'UMP aurait raconté à un ancien collègue du gouvernement qu'il s'était « engueulé » avec Jean-François Copé. Il lui aurait dit que « tout ceci allait beaucoup trop loin ». Luc Chatel aurait en outre écorné la stratégie Copé en ne cachant pas à son interlocuteur qu'il fallait organiser un nouveau vote avant Noël. En quelques minutes, les réseaux sociaux s'enflamment. La team Fillon est à la manœuvre. Cette information, c'est du pain bénit pour leur campagne médiatique. Le navire Copé serait en train de sombrer. Un conseiller de François Fillon a une explication toute trouvée. Il glisse aux journalistes : « Chatel c'est quand même celui qui était prêt à devenir le numéro 2 de Fillon avant l'été. Mais on a refusé de lâcher Wauquiez et Pécresse. » En réalité, le coup vient des fillonistes eux-mêmes. Plus tard dans la journée, un proche de Luc Chatel démentira l'information sur le site internet du *JDD* : « C'est du "flan", de l'"intox". » Un député copéiste ajoute, dégoûté : « C'était un formidable coup de bluff des pro-Fillon. » Un coup de bluff certes, mais un coup de com' réussi qui aura perturbé quelques heures le camp Copé, malgré les dénégations des ultras. L'un d'eux détaille *a posteriori* : « Tout le monde savait que si quelqu'un devait fléchir le premier dans l'équipe, ce serait Luc. Mais il a montré qu'il était un compagnon de route fidèle et discipliné même si parfois il n'était pas totalement en accord avec la stratégie choisie. »

« Le camp Copé se fissure. » Même infirmé, le titre du *JDD* reste toute la journée en tête des moteurs de recherche sur Internet. De nombreux Français ne retiennent que les doutes qui traversent l'entourage du président de l'UMP. Une grande majorité ne verra même pas le démenti.

L'équipe du député-maire de Meaux n'est pas avare non plus de coups médiatiques. Lors du point presse du 28 novembre, un message est distillé très largement aux journalistes. En *off*, bien sûr. « Désormais on ne joue plus, la déclaration du groupe R-UMP, c'est une déclaration de guerre. À partir d'aujourd'hui, JFC est président de l'UMP. Que ça plaise ou non à Fillon », répètent les conseillers. La consigne est claire : Copé ne répondra à aucune autre question que celles portant sur le travail d'opposition. Parler de Hollande et marginaliser Fillon. Une consigne transmise aux portes-flingues, qui se plient à la consigne. Mais entre la théorie et la pratique, il y a un monde. La ligne aura tenu trois jours.

Le dimanche suivant, Jean-François Copé rechute. En meeting à Nancy, il fait des « propositions » aux militants. Pris dans son élan, le président contesté de l'UMP ne peut s'empêcher d'attaquer de manière frontale François Fillon. « Au moins, nous avons gagné près d'une semaine », soupire l'entourage de Copé. « Ça a permis de faire retomber la pression quelques jours, et vu le climat de l'époque, c'était déjà une grande victoire. » Tout est fait pour occuper le terrain. Communiqués de presse pour critiquer l'action du gouvernement, interviews matinales en radio ou télé, rencontres avec les militants chaque semaine et même… un « télémeeting » organisé face à une webcam dans la salle de presse de l'UMP. Copé est partout et tient à le faire savoir. Être omniprésent avec toujours le même objectif : pousser l'adversaire à la faute. Une tactique qui n'est pas sans rappeler celle de Nicolas Sarkozy en 2007. Le candidat à la présidentielle d'alors répétait à ses troupes : « Ma stratégie, c'est Forrest Gump. Je cours, je cours, je cours. S'ils veulent me rattraper, qu'ils courent plus vite que moi. »

La campagne Potemkine

Les copéistes en sont convaincus : François Fillon a toujours fonctionné au bluff. « Au bluff, et à la chance », précise un député qui met en avant ce qu'il appelle un « parcours de baron » : « Il a été collaborateur d'élu, puis élu parce que son mentor décède et qu'il hérite de sa circonscription. Mais il n'a jamais été militant. Il n'a jamais distribué de tracts ou collé d'affiches. Et son entourage non plus, d'ailleurs. » Roger Karoutchi lui aurait conseillé avant l'été de ne pas se lancer dans la bataille interne. En ces termes : « Ce n'est pas un combat pour toi, François. Tu vas t'abîmer. » Le sénateur lui explique que ce genre de *mano a mano* ne sied pas à la stature d'homme d'État qu'il s'est forgée durant ses cinq années à Matignon. « Il m'a répondu que j'avais raison, mais qu'il ne voulait pas laisser le parti à Copé, raconte Roger Karoutchi. Résultat : aujourd'hui, son image en a pris un sacré coup. » Dans l'entourage même de François Fillon, on reconnaît que sa motivation n'a pas été sans failles. « En fait, il n'avait pas envie de prendre le parti, raconte un ancien ministre qui l'a soutenu. C'est juste qu'il n'avait pas le choix après Matignon. » Un non-aligné avance une autre explication : « François, c'est un mec qui encaisse, mais qui n'attaque pas. Il n'est pas porté sur le conflit de personne, l'ambition personnelle. Le problème, c'est qu'il a en face de lui Jean-François. Qui, lui, s'est toujours construit avec un ennemi. » À l'appui de sa démonstration, le même rappelle qu'avant Fillon, Copé s'était opposé de manière très frontale à Xavier Bertrand. Il reprend : « Par sa provoc' à deux balles, Copé a réveillé chez Fillon une ambition qui n'existait pas. Il l'a provoqué en duel. Fillon ne se serait jamais lancé dans la bataille si Copé ne l'avait pas emmerdé. Il n'avait aucune envie d'être chef de parti. Mais il s'est juré que jamais Copé ne le serait. »

Là est l'une des raisons de la tension extrême entre les deux hommes. La certitude qu'avait le camp Fillon de l'emporter en est une autre. Un conseiller analyse : « Tout au long de la campagne, on fait avec Copé ce qu'on a fait avec Hollande : on le sous-estime. » Un poids lourd de la fillonie confirme qu'« un score aussi serré, ça n'a jamais été une éventualité. » Pourtant, des élus jurent avoir senti cette remontée de Copé. « J'ai vu certains de mes plus proches militants me dire dans les derniers jours de campagne qu'ils étaient finalement tentés par Jean-François. Ils hésitaient », confie Éric Woerth. D'autres ne sont pas tendres avec leur chef : « Fillon n'a rien vu venir, était totalement déconnecté du terrain. » Un homme de l'ombre va jusqu'à demander aux auteurs « de tout raconter dans le livre. Grâce à vous, François comprendra peut-être un jour pourquoi il a perdu ». Les mots sont durs. À la hauteur de la déception. Un de ses plus proches collaborateurs admet que « tout ne lui était pas remonté pendant la campagne et notamment sur le remplissage des salles ».

Tricher sur les chiffres, ou du moins fortement les amplifier, c'est une des figures imposées de la politique. Durant des semaines, Jean-François Copé comme François Fillon jouent à « qui a la salle la plus grosse ». Et à ce jeu-là, l'ancien Premier ministre réussit de très jolis coups. Notamment en remplissant le Palais des Congrès de Paris six jours avant le scrutin. L'équipe annonce 4 000 personnes. Une vraie performance même si, ce n'est pas négligeable, la première fédération UMP est largement acquise aux fillonistes. Mais qui était vraiment dans cette salle ? Plusieurs membres de l'organisation du meeting confient exactement la même chose : « Ils ont menti à Fillon. Ils lui ont fait croire que les salles étaient pleines de militants alors qu'on faisait venir des sympathisants qui, évidemment, ne pouvaient pas voter le 18 ! » Les fameux sympathisants. Ceux qui étaient sondés toutes les semaines pour connaître la température à l'UMP. Les mêmes qui, visiblement, remplissaient une bonne partie de l'audience des meetings.

Pour les réunions en province, les sympathisants sont plus difficiles à mobiliser. « On a fait appel aux associations qui nous étaient proches. Un tiers de la salle était souvent composé d'adhérents des Rotary Clubs », admet l'un de ceux qui coordonnent les réunions publiques chez Fillon. Cela fonctionne… jusqu'au dernier meeting de la campagne, celui qui est censé convaincre les derniers indécis. S'inspirant de la grande tradition socialiste mitterrandienne, l'ancien Premier ministre choisit Toulouse. Dans la ville rose, il espère repeindre la salle choisie de bleu. Un pari manqué. « C'était un flop », résume un membre de la team Fillon. Le journaliste de *Paris Match* Ludovic Vigogne s'en aperçoit. Il raconte [1] : « Ce qui m'a vraiment surpris, c'est le nombre de chaises vides. Quand dans un meeting avec un tel enjeu, il y a autant de chaises vides, je me pose toujours beaucoup de questions… Comment des organisateurs peuvent-ils se planter à ce point-là ? Y a-t-il eu à Toulouse un piège tendu à François Fillon ? A-t-on choisi une salle surdimensionnée pour donner une impression de vide et ainsi diffuser des images dures, et donc favorables à Jean-François Copé ? Ou y a-t-il eu tout simplement un manque de professionnalisme de l'équipe Fillon ? Chacun a ses éléments de réponse. »

Toulouse, la fausse note de la fin de campagne. Qui fait douter les plus fidèles fillonistes de la stratégie élaborée pour la dernière semaine. Un conseiller explique : « On voulait décliner le même discours tous les jours pour marteler que le chef de

1. www.lejournaltoulousain.fr, 5 décembre 2012.

l'opposition, c'était Fillon. Raté. Son speech était trop long, trop techno, trop chiant. » Un élu ne mâche pas ses mots contre la ligne déroulée pendant cinq mois : « Fillon a fait une campagne présidentielle, a côté de sa cible. » Il raconte que dans l'Oise, un tract est imprimé les derniers jours pour inciter les électeurs à choisir l'ancien Premier ministre : « C'était écrit "Comme nous, votez Fillon dimanche". Mais les trois quarts des élus en photo ne sont pas UMP ! C'était des divers droite. Jusqu'au bout, ils ont fait croire n'importe quoi à leur candidat. Le bluff a tourné à plein régime. » « Une campagne Potemkine », résume l'un de ceux qui était au cœur du dispositif. Dans le même temps, Copé déroule une organisation quasi-militaire. Chaque déplacement est conçu sur le même modèle. « On a fait toutes les stations France Bleu. Toute la presse régionale. C'était toujours le même format : radio le matin, interview dans la PQR à paraître le jour du meeting et le lendemain, forcément, le compte-rendu du meeting », détaille l'un des stratèges de Copé. L'exemple de la journée du 2 décembre est mis en avant. En pleine crise, François Fillon s'adresse à une salle triée sur le volet depuis l'abbaye de Royaumont dans l'Essonne. Dans le même temps, Jean-François Copé se frotte aux militants à Nancy pour une séance de questions / réponses musclée. « C'est l'histoire de cette campagne, soupire un copéiste. Les barons contre le terrain. »

ACTE 6

Le trouble jeu de Nicolas Sarkozy

Été comme hiver, elles guettent les allées et venues sous les arcades du Palais Royal. Ce mercredi 5 décembre, les colonnes de Buren assistent au ballet de voitures devant le Conseil constitutionnel. Bien fréquentée, la rue de Montpensier l'est assurément. Mais il est rare que s'y croisent un ancien président de la République, un banquier et un chef de parti en pleine tourmente. Pourtant, pour rien au monde Jean-François Copé n'aurait raté ce moment : la décoration de Grégoire Chertok, son ami, par Nicolas Sarkozy.

Homme d'affaires, Grégoire Chertok n'en est pas moins un passionné de politique. Conseiller régional d'Ile-de-France, il est aussi adjoint au maire du 16e arrondissement à Paris. Une partie des élus parisiens et franciliens sont donc logiquement conviés à la cérémonie. D'anciens conseillers de l'Élysée ont fait le déplacement : Olivier Biancarelli, Sébastien Proto, etc. Jérôme Lavrilleux est là aussi.

Sous les dorures du Grand salon, Nicolas Sarkozy marque un temps d'arrêt devant le directeur de cabinet de Jean-François Copé : « Dites donc, Jérôme, votre affaire, là, c'est un peu… » La phrase reste en suspens. L'ancien chef d'État ne la finit pas en mots, mais en gestes, secouant la main comme pour signifier que tout cela est très limite. Comment en être sûr ? Ce soir-là comme les autres, il faut lire entre les lignes pour comprendre ce que veut Nicolas Sarkozy. Et encore, le risque de se tromper est grand.

C'est bien là toute l'ambiguïté de la figure sarkozyenne pendant la campagne interne à l'UMP. Officiellement, il n'intervient jamais. Il est pourtant omniprésent. C'est sous son autorité qu'est lancée la compétition le dernier week-end d'août à Nice. L'UMP s'est donné rendez-vous dans la ville de Christian Estrosi pour la première rencontre de l'association des Amis de Nicolas Sarkozy. François Fillon n'y est pas, contraint au repos après un accident de scooter. Jean-François Copé, lui, est en retard. Ça ne lui ressemble pas. « Il déjeune au cap Nègre », glisse son staff. Le cap Nègre, résidence d'été de celui qui vient tout juste de quitter l'Élysée.

Le maire de Meaux arrive tout sourire. Les journalistes se pressent autour de lui. Rivalisent de rhétorique pour lui arracher des confidences sur son tête-à-tête. Jean-François Copé ne dira rien, se contentant de répéter une phrase qui deviendra l'un de ses gimmicks de campagne : « En ce qui concerne l'avenir, quel que soit son choix, je serai à ses côtés. » « On l'avait écrite à la virgule près », sourit un conseiller. Une façon de se différencier de François Fillon qui deux jours auparavant semblait prendre ses distances avec le sarkozysme. « Le fillonisme pourrait être une approche plus sereine et pragmatique des choses », expliquait-il [1].

Copé au plus près de l'ex, Fillon au plus loin. Voilà, résumée en quelques mots, la stratégie de l'un et de l'autre pendant les douze semaines d'affrontement pour la présidence de l'UMP. Avec en toile de fond une question : Nicolas Sarkozy est-il l'avenir de la droite ? Le principal concerné semble avoir un avis très tranché sur le sujet.

La décoration qui fâche

« Je n'y vois pas un signe politique. » En cette mi-octobre, l'argument est assez commun dans la bouche des opposants à Jean-François Copé : la remise d'une décoration par Nicolas Sarkozy à Jérôme Lavrilleux n'est nullement une façon pour l'ancien président d'interférer dans le duel pour diriger l'UMP. Sur le plateau de C Politique, Xavier Bertrand glisse même, à la veille de la cérémonie, que c'est Jérôme Lavrilleux qui a « sollicité Nicolas Sarkozy [2] » pour lui remettre l'Ordre national du Mérite.

1. *Le Point*, n° 2084, 23 août 2012.
2. France 5, 14 octobre 2012.

Lavrilleux et Bertrand se connaissent bien. Ils se sont rencontrés jeunes militants RPR et exercent leur talent à Saint-Quentin dans l'Aisne. Contrairement à ce qui a pu être écrit, Jérôme Lavrilleux n'a jamais travaillé pour le futur ministre. De même qu'il nie avoir été son témoin de mariage. Il n'en demeure pas moins vrai qu'ils ont été très proches, jusqu'à ce qu'une dispute d'ordre personnel les fâche à tout jamais. Là n'est pas la raison pour laquelle Xavier Bertrand minimise la symbolique de l'insigne. C'est plutôt parce qu'il convient de dire – consigne sarkozyste ! – que c'est un « témoignage d'amitié et de gratitude » à l'égard de celui qui ne s'est pas économisé pendant la présidentielle.

« Nicolas a de l'affection pour Jérôme », expliquent ceux qui les ont côtoyés pendant cette campagne. Parmi ces observateurs privilégiés, Édouard Courtial, député et codirecteur de campagne de Jean-François Copé. C'est ce terme – « affection » – qu'il reprend le 15 octobre en entrant au 77, rue de Miromesnil.

La cérémonie a lieu dans les nouveaux bureaux de Nicolas Sarkozy. Pour l'occasion, Jérôme Lavrilleux a sacrifié la barbe de trois jours qu'il a coutume d'entretenir soigneusement. Il arrive à pied, accompagné de Jean-François Copé et son épouse, Nadia. Dans leurs yeux, de la fierté bien sûr. La satisfaction, aussi, de jouer un mauvais tour à François Fillon. Du moins médiatique.

Car le choix de la date, quoi qu'en disent les copéistes, n'a rien d'anodin. Il n'y avait aucune forme d'urgence à décorer le directeur de cabinet de Copé avant le congrès de l'UMP ! D'autant que Jérôme Lavrilleux avait été promu dans l'Ordre national du Mérite en novembre 2010. Il ne s'était jamais fait remettre son insigne. Après quasiment deux ans d'attente, il n'était plus à cinq semaines près. Or, c'est Nicolas Sarkozy lui-même qui a proposé de se retrouver le 15 octobre. « Un véritable acte anti-Fillon », écrit le *JDD.fr* [1]. L'entourage de l'ex-Premier ministre s'étrangle : « À un mois du scrutin, ce n'est pas correct. C'est un coup bas, c'est indigne de celui qui devrait rester au-dessus de la mêlée ! » Bien que très agacé en privé, François Fillon fait mine de s'en ficher devant les caméras : « Cela ne pèse que dans le microcosme. »

Outre le calendrier, la liste des invités ne laisse aucune place au doute. Une soixantaine de personnes ont reçu le bristol. Une majorité d'hommes politiques. Essentiellement des sarkozystes qui ont fait le choix de rejoindre Jean-François Copé, à l'instar de Roger Karoutchi. Les anciens de l'Élysée se sont déplacés en nombre, aussi. Franck Louvrier, Emmanuelle Mignon, Olivier Biancarelli, etc. Quant aux proches de Jérôme Lavrilleux, ils se comptent sur les doigts d'une main : son père, sa mère, et trois amis d'enfance. « C'était un moment très important pour Jérôme, mais il voulait en faire don à Jean-François », justifie l'un de ses amis à

1. « Sarkozy décore un proche de Copé », Vivien Vergnaud et Bruno Jeudy, JDD.fr, 15 octobre 2012.

l'UMP. Un autre détaille : « Chez Jérôme, il n'y a pas forcément de hiatus entre le privé et le politique. » Un troisième confirme : « Sur les signes d'encouragement de Nicolas Sarkozy, on n'a rien dit. Mais on a tout fait pour que ce soit compris. »

La cérémonie terminée, nombre d'invités rapportent, en *off* bien sûr, la teneur des échanges entre l'ancien président et celui qui fut directeur adjoint de sa campagne. « Il lui a rendu un hommage appuyé, raconte l'un des invités. Il l'a remercié parce que chaque jour pendant la campagne, il était très engagé, en contact direct avec lui. » Le même ajoute : « Il a aussi salué l'engagement de Jean-François Copé. Il a dit qu'il avait été très présent, en action, prêt à défendre ses idées. » Une forme de soutien « Canada Dry » : la couleur et le goût d'un soutien, mais officiellement, ce n'en est pas un. L'ancien président se permet au passage une mise au point, presque une mise en garde, face aux complaintes fillonistes : « Peu importent le calendrier, les commentaires, c'était un devoir. Et un plaisir. Je suis libre. » Libre de décorer qui bon lui semble. Libre d'aller plus loin encore s'il le faut. Il ne s'en privera pas. Jérôme Lavrilleux, lui, ne paraîtra plus jamais en public sans le liseré bleu accroché à sa boutonnière.

Dimanche 28 octobre. Le sous-sol est plein à craquer. Il a fallu installer des chaises sur la passerelle qui surplombe le grand studio de RTL pour permettre à tous les soutiens de Jean-François Copé d'assister à la grand-messe politique dominicale. Le candidat à la présidence de l'UMP a révélé à quelques convives, triés sur le volet, qu'il prépare une sortie fracassante. Il est sûr de son coup : c'est lui qui fera l'ouverture des 20 heures ce soir et des matinales le lendemain. Ceux qui sont dans la confidence s'en félicitent : « Une fois de plus, François Fillon va être obligé de se positionner par rapport à l'une de nos propositions. »

Jean-François Copé ne tarde pas à lâcher sa bombe. « Il pourra se trouver – si je suis élu à la tête de l'UMP le 18 novembre prochain – que je propose, comme nous l'avions fait en 1984 pour sauver l'école libre, que les Françaises et les Français qui s'indignent et qui s'inquiètent pour l'avenir de notre pays et des enfants de France se mobilisent dans la rue. » Et de poursuivre : « Cela concernerait des projets de loi qui viendraient soit porter atteinte à l'intérêt supérieur de notre pays, soit déstructurer les piliers qui assurent la cohésion de notre société ou qui font monter le communautarisme. » Le ton est solennel, voire compassé. Les contours de la proposition restent flous. Mais tout de même, une manifestation de droite… Voilà qui va faire couler beaucoup d'encre !

Dans le public, médusé, Sébastien Proto, un jeune loup de l'ère Sarkozy, aujourd'hui redevenu banquier d'affaires chez Rothschild & Cie. Pendant la présidentielle, c'est lui qui rédige le programme économique du candidat, comme il l'avait fait déjà en 2007. « L'un des plus brillants de sa génération », disent ceux qui ont travaillé avec lui. À 34 ans, le sarkozyste pur jus, bardé de diplômes [1], a déjà été deux fois directeur de cabinet à Bercy : sous Éric Woerth, où il pilote la réforme des retraites, puis auprès de Valérie Pécresse, avec qui il élabore la TVA sociale.

Les deux soutiennent très officiellement François Fillon. Sébastien Proto a visiblement fait un autre choix. Dans la discrétion. Le passionné de boxe – et de politique – n'a pas envie de s'engager dans un combat qui n'est pas le sien. Après l'émission, il ne s'attarde pas. Il file récupérer son manteau et son écharpe au vestiaire. Pas question d'échanger quelques mots avec les journalistes présents dans le studio. L'un d'eux demande : « C'était bien Sébastien Proto ? » Un copéiste lui répond : « Oui, il s'est rapproché de nous mais il ne faut pas le dire. »

Sébastien Proto n'est pas le seul des conseillers de l'Élysée à s'intéresser de près à la campagne interne.

Mercredi 7 novembre. Montrouge, dans les Hauts-de-Seine. Camille Bedin arrive en retard au bar du Théâtre qui accueille l'un des derniers

1. Sciences Po, Essec, ENA.

meetings franciliens de la Droite forte. Ses deux camarades, Guillaume Peltier et Geoffroy Didier, viennent tout juste de se lancer dans un plaidoyer en faveur de leurs idées chocs. En retrait, Éric Schahl prend le pouls de la salle. L'ancien conseiller de Nicolas Sarkozy est là en ami. Son terrain militant à lui, c'est l'Alsace. C'est là qu'il s'est présenté en juin aux législatives comme suppléant. C'est là aussi qu'il défend les couleurs de la motion sarkozyste. Ou plutôt : la motion sarkozyste copé-compatible. Car les leaders de la Droite forte ont tous pris position pour le secrétaire général de l'UMP. Même Geoffroy Didier, qui vient tout juste d'officialiser son ralliement dans une interview à *Direct matin*. Et Éric Schahl ? Est-il lui aussi un soutien de Jean-François Copé ? Il ne répondra pas, préférant éluder la question dans un sourire.

Dans les compagnons de route de Nicolas Sarkozy, nombreux sont ceux qui roulent, sans le dire, pour le candidat de Meaux. Patrick Buisson, par exemple. Des élus croient savoir que « derrière les mots de Copé, il y a la patte Buisson ». Aucun n'assume de le dire à visage découvert. « Vous n'écrivez pas que ça vient de moi ? » insiste encore l'un d'eux. Autour du candidat, l'influence du conseiller de l'ombre de l'Élysée a toujours été démentie.

Certes, sa société Publifact conseille l'UMP. Mais le contrat a été signé en 2009 par le secrétaire général de l'époque, Xavier Bertrand. Quant au « racisme anti-blanc » évoqué par Jean-François

Copé [1], ses collaborateurs assurent que la formule est de lui. Un conseiller : « On a lu que le manifeste avait été écrit par Buisson. N'importe quoi ! La vérité, c'est qu'il ne l'a même pas relu avant parution. » D'autres jurent que l'éminence grise de Nicolas Sarkozy n'a jamais mis les pieds au siège de l'UMP.

Il n'empêche que la proximité idéologique entre les deux hommes aura atteint son acmé pendant la campagne interne, Jean-François Copé reprenant quelques axes de la campagne présidentielle de 2012, comme la fracture entre le « peuple » – c'est-à-dire les « militants » – et les « élites » – appelés les « barons » –, fustigeant tour à tour les sondages, les journalistes et les parlementaires, comme autant de « corps intermédiaires » que Nicolas Sarkozy prenait plaisir à critiquer. Brice Hortefeux est scié par le mimétisme entre les deux hommes [2] : « Lorsque Jean-François chante *La Marseillaise*, il lève les mains en même temps que Nicolas ! »

Brice Hortefeux : un sarkozyste de plus tombé dans l'escarcelle de Copé. « Il l'a fait par amitié, explique-t-on à l'UMP. Parce que François Fillon était le favori et qu'il était rallié par tous les élus ou presque. » Autre proche de l'ex-président embarqué auprès du challenger : Guillaume Larrivé, l'ancien monsieur immigration et sécurité devenu député de l'Yonne.

---

1. Jean-François Copé, *Manifeste pour une droite décomplexée*, Fayard, octobre 2012.

2. *Paris Match*, 22 novembre 2012.

Qu'ils le disent publiquement ou non, les anciens de l'Élysée semblent avoir pris fait et cause pour le plus jeune des candidats. Claude Guéant et Jean Castex mis à part, la plupart font le choix de Copé. « C'est biologique, explique Roger Karoutchi. Jean-François a dix ans de moins que François. Fillon, s'il ne se présente pas en 2017, il n'y va plus. » Ou quand la politique rejoint la science… L'argument fait mouche autour de l'ancien président. Jean Sarkozy n'est pas le moins convaincu dans son entourage.

À défaut du père, le fils

Au Winston, une brasserie située à une centaine de mètres de la mairie de Neuilly, tables et chaises ont été déplacées pour faire de la place. Des centaines de personnes – « on peut en recevoir trois cents », dit la patronne – sont attendues à partir de 19 heures. Pas de quoi impressionner la propriétaire des lieux : « Nicolas, il venait souvent. On en a reçu du monde, ici. Brice Hortefeux par exemple. Lui aussi il passait régulièrement. » Un vrai brevet de sarkozysme que de s'arrêter dans ce café ! Ce mardi 4 septembre, c'est le théâtre de la scène commune entre Jean-François Copé et Jean Sarkozy.

« Ce n'est pas un soutien. Je recevrai tous les candidats qui souhaiteront venir dans les Hauts-de-Seine », précise d'emblée le vice-président du conseil général. Surtout ne laisser aucune place aux interprétations hasardeuses. Des indices ne laissent que peu de doutes pourtant sur les préférences politiques de l'assistance. Toutes les têtes d'affiche du 92 sont là. Les têtes d'affiche copéistes du moins, les fillonistes se sont fait excuser. Roger Karoutchi, secrétaire départemental et codirecteur de campagne de Jean-François Copé. Patrick et Isabelle Balkany, les parrains politiques de Jean. Thierry Solère, tombeur de Claude Guéant aux législatives. Charles Pasqua, l'ancien homme fort de la fédération. Et Éric Cesari, élu à Courbevoie, mais surtout directeur général de l'UMP. Celui qui selon ses propres mots « garde la maison pour Sarkozy [1] ». De quoi éclipser le ralliement, quelques heures plus tôt, de Christian Estrosi à François Fillon. Autour de l'ancien Premier ministre, on le reconnaît d'ailleurs : « C'était un joli coup de leur part. »

Pas un meeting de soutien, donc, mais tout de même. Toute la soirée, Jean Sarkozy vante les mérites de son invité : « exemplaire » comme secrétaire général, « vous n'avez pas tremblé » pendant la présidentielle, « vous avez fait preuve de courage politique » pour l'interdiction de la burqa. Des louanges qui sonnent comme une critique, en creux, de François Fillon et de ceux qui « avaient la main qui tremble, des états d'âme », ceux « qui font de cette élection une primaire pour 2017 ». Jean-François Copé boit du petit-lait. Et surjoue la

1. *Le Nouvel Observateur*, n° 2501, 11 octobre 2012.

proximité en tutoyant son hôte qui, lui, se garde bien de renoncer au voussoiement.

Si les allusions sont claires, Jean Sarkozy tient encore à sa neutralité. « Je ferai mon choix en temps voulu », prévient-il. Puis, comme pour déjouer les pronostics, il décoche quelques flèches dans le dos de celui qu'il vient d'encenser. « Jean-François Copé n'est pas mon père. Il n'est pas l'héritier de mon père. Héritage, c'est un mot qui cadre mal avec le contexte. » Ou encore : « Les qualités de Jean-François Copé ne lui sont pas exclusives. » Pourtant, les dés sont jetés. Et Roger Karoutchi n'est pas pour rien dans le déroulement des événements. Le codirecteur de campagne de Jean-François Copé fera tout pour convaincre le jeune élu de soutenir son candidat.

« Il fallait que Jean prenne position par lui-même. Qu'il existe au-delà de son père », insiste Roger Karoutchi Deux mois plus tard, le 6 novembre précisément, c'est par un e-mail envoyé aux 15 000 adhérents des Hauts-de-Seine que Jean Sarkozy officialise son choix : il votera Jean-François Copé. Il s'en explique quarante-huit heures plus tard, toujours au Winston, où il reçoit cette fois-ci ses « amis » de la Droite forte. « Ce que j'aime bien chez Jean-François, c'est qu'il n'a pas peur de faire des accrocs à son costume, plaide-t-il. La droite perd quand elle n'assume pas ses valeurs. »

Au-delà des idées, certains gestes du député-maire de Meaux l'ont touché. L'un de ses amis explicite : « Jean n'a pas oublié le coup de fil que Copé lui a passé au moment de l'Epad. Fillon ne l'avait pas appelé. » À l'époque, Matignon avait même donné son feu vert à un décret permettant de prolonger le bail de Patrick Devedjian à la tête de l'établissement public… avant que l'Élysée ne s'y oppose. Devedjian s'en est souvenu, lui aussi, en soutenant François Fillon pour la présidence de l'UMP. Mais Jean Sarkozy n'a toujours pas digéré. « Il a vu aussi qui entourait Copé et qui entourait Fillon, ajoute un autre de ses proches. Chez Fillon, ils étaient dans le post-sarkozysme. » Cela suffisait largement à le faire basculer dans le camp du premier.

Mais quelle forme pouvait prendre son engagement ? La question s'est imposée à son entourage. Roger Karoutchi le confirme : « Il a hésité entre le soutien discret et la prise de position publique. » Cette seconde ligne l'emporte au finish. Jusqu'au bout, le jeune élu doute. Doit-il par exemple assister au dernier meeting francilien de Jean-François Copé ? Prendre la parole au Louvre, à deux jours du scrutin ? Ce jour-là, la salle lui réserve un accueil chaleureux, les drapeaux flottent au rythme des « Sarkozy, Sarkozy ! » que scandent les militants. Comme à la grande époque de la présidentielle 2007. À la tribune, Jean Sarkozy s'empare du micro et répond visiblement ravi : « Ahhh ! Si ça vous fait plaisir ! »

« Après son discours, il était vraiment heureux, raconte l'un de ses amis. Et il l'était encore plus après le 18 novembre. Il avait ce sentiment d'avoir accompli quelque chose, de s'être engagé lui-même, tout seul, dans une victoire. » Le bonheur sera de courte durée. Il volera en éclat trois jours plus tard.

Passion sondages

« Il faut que je dise un mot sur Nicolas Sarkozy. Rattrapez-moi ça. » Vendredi 23 novembre. 8 heures. L'interview vient de s'achever. François Fillon sort du studio de RTL. Il a été bon, il le sait. « Un parti politique, ce n'est pas une mafia », a lâché l'ancien Premier ministre au micro de Jean-Michel Aphatie. Les deux hommes s'apprêtent à prendre place autour de la grande table installée au cœur de la rédaction. C'est là que les invités politiques ont pris l'habitude de partager un petit-déjeuner avec les journalistes de la station. Un rite qui permet, entre autres, d'échanger à bâtons rompus et d'obtenir du *off*.

Soudain, un conseiller du candidat réalise qu'il vient de faire l'impasse sur un événement majeur : la veille, Nicolas Sarkozy a été entendu par un juge dans le cadre de l'enquête sur l'affaire Bettencourt. L'ancien président en est ressorti avec le statut de témoin assisté.

Il faut réparer cela, et au plus vite ! C'est Jérôme Chapuis, rédacteur en chef adjoint du service politique, qui s'y colle. Dans l'heure, le journaliste enregistre la réaction de François Fillon. « Nicolas Sarkozy n'a pas été mis en examen, constate l'ancien Premier ministre. Cela montre bien qu'il n'y avait rien dans le dossier. Je suis convaincu que pour lui, l'affaire est close. S'il y avait eu la moindre possibilité ou le moindre doute, il me semble que, compte tenu de l'acharnement dont il a fait preuve [1], la mise en examen aurait été prononcée. » L'honneur est sauf, mais l'oubli aurait pu être préjudiciable. Nul doute n'est permis sur ce point : les copéistes l'auraient accusé une fois de plus de vouloir tourner un peu vite la page sarkozyste.

« Nous avons besoin de quelqu'un qui dit que si Nicolas Sarkozy revient, nous serons à ses côtés. Nous sommes en droit de poser la question à tous les candidats. » Une question répétée tout au long de la campagne par Roger Karoutchi. Une question pas si anodine que ça dans sa bouche, lui qui soupçonne François Fillon de vouloir barrer la route à un éventuel retour de l'ancien président. Ce dernier se méfie aussi de celui qu'il garda cinq ans à Matignon. Le 12 septembre, au cours d'un déjeuner, il le prévient : il ne replongera pas dans le grand bain de la politique… sauf si son ancien Premier

1. Lapsus de l'ancien Premier ministre qui voulait sans doute dire : « l'acharnement dont il a fait l'objet. »

ministre prenait « trop de distance » à son égard. François Fillon s'en gardera bien. Mais son équipe est moins prudente.

L'analyse est celle d'un proche de Nicolas Sarkozy : « L'erreur majeure de l'entourage de François Fillon, c'est qu'aveuglé par la confiance, il se lâche contre Sarko. » La faute aux sondages, une fois de plus. Le dernier date du 12 novembre. Baromètre Ipsos pour *Le Point*. François Fillon obtient 89 % d'opinion favorable chez les sympathisants UMP. Nicolas Sarkozy est relégué en seconde position, avec 86 %. La presse titre : *Fillon détrône Sarkozy en tant que personnalité de droite préférée des Français.* « Cette enquête valide notre stratégie de campagne, jubile un conseiller de l'ancien Premier ministre. Les Français ne regardent pas dans le rétroviseur. Ils veulent passer à autre chose. Copé a fait une énorme connerie en se calant sur Sarkozy. »

Un autre plastronne par texto auprès de l'équipe concurrente : « Vous avez vu les chiffres ? Je crois que c'est plié là. » Un message qui atterrit dans la seconde sur le bureau de Nicolas Sarkozy. Et qui, sans surprise, provoque son ire. L'ancien président est toujours sensible aux enquêtes d'opinion, dont il a été un consommateur assidu pendant ses années à l'Élysée. Régulièrement, il lui est revenu aux oreilles que l'entourage de François Fillon pensait qu'il était fini. « C'est pour ça qu'il a tout fait pour que le score soit le plus serré possible », confie un fidèle.

La méfiance est telle que dès le mois de juin, l'ancien président essaye d'entraver la candidature de l'ancien chef de gouvernement. Au café de l'Esplanade, il tente de convaincre Alain Juppé de se lancer dans la course à la présidence de l'UMP. En vain. Il reçoit à déjeuner Jean-François Copé la veille de sa déclaration de candidature. Ne dissuade pas ceux parmi ses proches qui souhaitent le rallier. Encourage ses visiteurs à répéter tout le mal qu'il pense de François Fillon : « Un homme épouvanté par ses propres désirs », qui « n'a pas de couilles », « pas à la hauteur »… Des propos rapportés par *Le Nouvel Observateur* [1], jamais contredits. *A contrario*, Sarkozy mettra un point d'honneur à faire démentir par son attachée de presse Véronique Waché une information du *JDD* selon laquelle il aurait regardé le débat entre Jean-François Copé et François Fillon, trouvant ce dernier « très bon. »

« Je ne suis dupe de rien », l'ont maintes fois entendu dire ceux qui fréquentent le 77, rue de Miromesnil. Façon de dire qu'il se souvient que Jean-François Copé est un rallié, tendance opportuniste, et non un sarkozyste de la première heure. L'ancien président sait aussi qu'obéir à ses sentiments est un luxe qu'il ne peut plus se permettre. Désormais, ce sont les circonstances qui commandent. La question n'est plus tant de savoir s'il veut revenir, mais s'il le peut. Une clé de compréhension livrée par Geoffroy

1. *Le Nouvel Observateur*, n° 2501, 11 octobre 2012.

Didier dès la fin de l'été [1] : « Nous savons que l'éventuel retour de Nicolas Sarkozy serait moins compliqué avec Jean-François Copé qu'avec François Fillon, qui pourrait offrir une alternative assez forte pour fermer le jeu. » Avant le psychodrame à l'UMP, le calendrier était assez clair. « Je ne bougerai pas une oreille avant mars 2014 », promettait l'ancien président à ses amis. Les « circonstances » en ont donc décidé autrement.

Grandeur et impuissance

« Qu'ils se débrouillent ! » Lundi 3 décembre. Rue de Miromesnil. Cela fait quinze jours que, de son bureau, Nicolas Sarkozy assiste au spectacle d'une droite qui se déchire et se jette à la figure insultes et menaces. « La solution est désormais entre leurs mains », assène l'ancien président à son visiteur. Excédé. Sidéré que ses tentatives pour ramener le calme n'aient pas suffi. Certes, depuis qu'il a menacé de dire publiquement qu'ils sont tous les deux disqualifiés, Jean-François Copé et François Fillon ont repris langue et convenu de se retrouver à huis clos, sans leurs snipers ni la presse, pour imaginer à deux une sortie de crise. Et l'ancien Premier ministre a renoncé à l'idée d'un recours en justice. Mince consolation.

---

1. « UMP : Copé met en scène le soutien de proches de Sarkozy », Alexandre Lemarié, *Lemonde.fr*, 3 septembre 2012.

« C'est plus facile de pacifier la Libye que l'UMP », avait prévenu Thierry Mariani aux universités d'été de 2011. Brillant de lucidité. Nicolas Sarkozy en fait la constatation à l'automne 2012. Avec la même question, pour chacun des deux conflits : faut-il intervenir ? « Il ne doit pas trop mettre les mains dans la tambouille », conseille un proche. Henri Guaino est plus radical : « Si on pouvait le tenir au-dessus de ce marigot, ce serait bien [1]. » Il y a débat parmi les fidèles. Assez rare, Patrick Buisson est sur la même ligne que l'ancienne plume de l'Élysée : « Il ne faut pas que tu t'en mêles. » « Mais il a écouté Brice, se lamente un ancien conseiller. D'ailleurs, il en est revenu. »

C'est dès le 25 novembre que Nicolas Sarkozy entre en piste. Ce dimanche débute la médiation Juppé. Avant la rencontre à l'Assemblée nationale, l'ancien président a les trois hommes au téléphone. Chacun se targue d'avoir été soutenu dans sa position. Alain Juppé aurait été encouragé dans sa démarche, François Fillon conforté dans ses revendications. « Tu as raison de dire "les statuts, rien que les statuts" », a retenu Jean-François Copé. Dans le même temps, Frédéric Lefebvre met en garde contre un arbitrage du maire de Bordeaux qui dériverait en « prise de contrôle "à l'ancienne" par des personnalités qui n'auraient pas la légitimité de l'élection ». Un autre sarkozyste lâche à l'AFP :

1. Canal+, 8 décembre.

« Nicolas n'acceptera jamais qu'Alain Juppé s'empare des rênes de l'UMP. »

Le jugement des fillonistes est sévère sur l'attitude de l'ancien chef d'État : « Il se retrouve dans le piège qu'il a lui-même installé. » Tel est pris qui croyait prendre ! Dans le camp de l'ancien Premier ministre, on tient Nicolas Sarkozy pour responsable de l'inextricable situation dans laquelle se trouve l'UMP. Multipliant les déjeuners avec les uns, les coups de téléphone aux autres.

Brice Hortefeux l'informe au jour le jour de l'état de santé du parti. Il veille le malade pour son ami de toujours. Le mercredi 28 novembre, le *missi dominici* sort à deux reprises du Bureau Politique de l'UMP pour lui faire un état des lieux. La veille, Nicolas Sarkozy appelle Jean-François Copé aux aurores. Discussion houleuse. Depuis son déjeuner avec l'ancien Premier ministre, les fillonistes font courir le bruit qu'il est favorable à un nouveau vote. « Il a tout de suite considéré qu'il fallait revoter », confirme l'entourage de Nicolas Sarkozy. Un de ses conseillers assure que ce fut un point de crispation avec son cadet meldois : « Les proches de Copé ont le sentiment que Sarkozy lui a tordu le bras. » Un autre échange orageux aura lieu à la mi-journée. Entre les deux, François Fillon a annoncé la création de son groupe parlementaire, le R-UMP.

Nouvelle séance de phoning le lendemain. Dans le même ordre. Jean-François Copé d'abord, pour essayer de le ramener à la raison. François Fillon ensuite, pour lui demander de renoncer à son groupe. « Impossible, je n'aurais plus de moyen de pression », lui répond l'ancien Premier ministre. Nouvelle situation de blocage. « Il faudrait qu'il soit tout le temps sur leur dos », soupire un ex-Élysée. Or Nicolas Sarkozy ne le peut pas. Membre du Conseil constitutionnel, il est tenu au devoir de réserve. Et deux élus socialistes commencent déjà à s'agacer de l'ingérence de l'ex-président. « Tomber de Charybde en Scylla », l'expression trouve tout son sens…

« Sarkozy pensait rester au-dessus de la mêlée, analyse un filloniste. Il se retrouve emporté par les flots. » Un conseiller du député de Paris va dans le même sens. Il se dit convaincu que si le « bal tragique à l'UMP » a fait des morts, ils sont au nombre de trois : Jean-François Copé, François Fillon et Nicolas Sarkozy. Pour les deux premiers, c'est compromettant s'ils souhaitent un jour représenter l'UMP à la présidentielle. « Gênant mais pas insurmontable », objecte un copéiste. Pour le troisième, ce pourrait être dérisoire s'il ne caressait le désir de revenir aux affaires. La plupart du temps, il s'en défend auprès de ceux qui lui rendent visite. À d'autres reprises, il cite Patrick Buisson : « On a rarement vu un tigre devenir végétarien. » Autour de Jean-François Copé, il n'y a guère de doute sur les intentions de Nicolas Sarkozy : « Sauf ennui judiciaire majeur, il se représentera en 2017. La seule chose qui l'en empêcherait, c'est François Fillon. » Lui n'en est plus aussi sûr : « Ils préféreront s'entre-tuer que faire appel à moi. » Un ancien ministre prédit qu'il s'alliera avec l'un des deux pour tuer le troisième. La guerre des droites ne fait que commencer.

Épilogue

Nouveau vote pour une nouvelle droite

« Mon plus grand regret, c'est que l'on n'ait pas parlé d'idées. » Attablé à un troquet parisien, un ancien ministre devise à voix haute. « Vous voyez, le drame de cette élection, c'est que d'un côté comme de l'autre, les ralliements se sont faits sur des bases viciées. À cause de rivalités géographiques et générationnelles. Cela se vérifie à tous les coups. » Et ce poids lourd de la droite d'égrener les exemples. Au Sénat, Jean-Pierre Raffarin auprès de Copé quand Gérard Larcher choisit Fillon. Pour la géographie, Michèle Tabarot chez Copé quand les autres têtes d'affiche des Alpes-Maritimes – Éric Ciotti et Christian Estrosi – optent pour Fillon. Pour le générationnel, cap sur l'Yonne où le patriarche Henri de Raincourt soutient Fillon et les figures montantes – Guillaume Larrivé et Jean-Baptiste Lemoyne – sont aux côtés de Copé. « Je pourrais continuer comme ça pendant des heures, reprend l'ancien ministre. Ça se vérifie partout. »

La campagne interne à l'UMP serait donc passée à côté de l'essentiel : le fond. Six mois d'affrontement. Une image déplorable de la politique. De l'énergie déployée dans le vide. Des heures consacrées dans chaque camp à échafauder des plans pour en arriver où ? À un nouveau suffrage, prévu en septembre 2013. Tout ça pour ça, a-t-on envie de dire. « C'était la seule solution, défend Laurent Wauquiez. Comment vous décrire le sentiment d'humiliation que j'ai ressenti en voyant que mon parti était incapable d'organiser une élection ? Celle-là était trop vérolée. » Éric Woerth abonde dans son sens : « Aujourd'hui, on s'en fout de qui a gagné. Le scrutin n'est pas validé dans le cœur des militants. » En route vers un nouveau vote, donc.

« Cela ne changera rien, tranche un observateur. Aux mêmes causes, les mêmes effets. Ils auront beau réécrire les statuts, l'essentiel n'est pas là. » L'UMP serait donc la seule formation politique incapable de trancher par les urnes ses conflits de leadership ? « Ce n'est pas ça, le problème, insiste cet homme de l'ombre. Le problème, c'est que tant que l'on niera la défaite de Nicolas Sarkozy, on ne pourra pas aller de l'avant. » L'honnêteté pousse à reconnaître qu'il n'a pas tort. Depuis le 6 mai dernier, la droite s'est refusée à tout aggiornamento, tout examen critique, tout inventaire de la campagne présidentielle. Et pour cause : elle estime, au fond, n'avoir pas vraiment perdu. « François Hollande a été élu sur le fil », répètent les lieutenants, faisant valoir que « tous les gouvernements ont été balayés par la crise. » Certains concèdent, du bout des lèvres, que le tempérament de Nicolas Sarkozy crispait les Français. Et y trouvent la preuve que c'est l'homme qui a été battu et non les idées. « Il faut qu'on reconnaisse notre défaite si on veut sortir la tête de l'eau » insiste un ancien ministre. Jean-François Copé s'y est refusé pendant la campagne. François Fillon a essayé. Cela ne lui a pas porté chance.

Quel avenir pour les frères ennemis de l'UMP désormais ? Un sarkozyste dresse un tableau original de la situation : « Là, on est dans le même contexte que la Corée en 1953. Cinquante ans après, les deux parties sont toujours officiellement en guerre puisque l'armistice n'a pas été signé. La situation est figée des deux côtés de la frontière. Mais la Corée du Nord et la Corée du Sud n'ont pas connu le même développement économique. La seule inconnue, c'est de savoir qui sera le nord et qui sera le sud. » Les copéistes veulent croire que leur PME aura le destin de Séoul. Galvanisés par l'histoire que leur raconte un député de l'Oise. « J'ai l'impression de revivre 74-76 au moment de la création du RPR, relate Jean-François Mancel. Je me souviens encore du vieux Debré qui me prend par le bras et me dit : "Chirac va être le fossoyeur du gaullisme, ce trou du c** que personne n'aime !" » Un autre compagnon de route se réfère à la décennie suivante : « Pour Copé, c'est la phase Chirac 88. »

Autour du président de l'UMP, l'équipe se serre les coudes. En rêvant à des jours meilleurs. Une méthode de travail a été établie : « On reconquiert d'abord les militants. Puis les députés. » Les jours de doute, on se console en se disant que « chez Fillon, quelque chose a cassé. » Un conseiller relève que « Copé a dix ans de moins que Fillon et Sarko. » Que les préférés des Français n'ont jamais gagné de présidentielle. « Regardez Édouard Balladur, Raymond Barre, insiste un collaborateur de Copé. Les Français ne te donnent le pouvoir que quand ils ont le sentiment de t'avoir fait souffrir avant. C'est un rite initiatique. » L'argument permet de faire face à l'adversité. À la douleur.

Quid de François Fillon ? L'ancien Premier ministre, comme son rival, s'interroge sur l'opportunité de se lancer dans une nouvelle campagne. Son équipe est partante. Sûre qu'avec le retour d'expérience du premier scrutin, elle ne peut que remporter le second. « En plus, on n'a pas de solution de rechange, confie, un peu gêné, un soutien filloniste. Ma certitude à ce jour, c'est que François n'ira pas. Mais ça peut changer d'ici le mois de juin, au moment des candidatures. »

Repartir pour un tour. Avec les mêmes attelages ? Valérie Pécresse et Laurent Wauquiez pour François Fillon, Michèle Tabarot et Luc Chatel pour Jean-François Copé ? « C'est risqué, analyse un député pro-Fillon. Surtout pour Valérie. » Valérie Pécresse, chef de file de la droite en Ile-de-France. Le marathon des régionales démarrera quelques mois après le scrutin interne. Ses amis lui conseillent de ne se consacrer qu'à cette échéance. « Mais il faudrait pour cela que Fillon ne se représente pas, reconnaît un "pécressiste". Si c'est quelqu'un d'autre que Fillon, elle pourra dire qu'elle a été loyale jusqu'au bout à son candidat de cœur, mais que désormais, elle a d'autres objectifs. » Jean-François Copé jure qu'il ne fera rien pour lui mettre des bâtons dans les roues. « Parlons-nous », lui a-t-il envoyé par texto.

Copéistes et fillonistes s'accordent à dire qu'il faut préserver l'échelon local des tensions nationales. Dans le Rhône, Nora Berra plaide pour « ne pas importer les divisions sur nos territoires. » Un ancien ministre craint qu'il y ait malgré tout des règlements de compte. « Faut pas être naïfs, lâche-t-il, la mine confite. C'est dommage parce qu'avec les conneries que fait la gauche, on a vraiment une chance de provoquer une vague bleue. » La cicatrisation des plaies reste donc le préalable à tout relèvement de la droite. D'autant que l'UDI, fondée par Jean-Louis Borloo, et le Front national, dirigé par la « dédiabolisée » Marine Le Pen, ne rêvent que d'une chose : se repaître des restes de l'UMP.

Et Nicolas Sarkozy ? Les nuages s'amoncellent au-dessus de sa tête. Rejet de ses comptes de campagne, ouverture d'une enquête sur les sondages de l'Élysée, affaire Bettencourt… Autant d'épines dans le pied de celui que la tentation du retour n'a jamais autant habité. En coulisses, il n'est pas tendre avec Jean-François Copé et François Fillon. « Il pense qu'ils sont cramés », confie un proche. L'ancien président a été conforté dans l'une de ses convictions au cours de cette élection interne : le parti reste sarkozyste. Mais pour combien de temps encore ? À ce jour, les déjeuners organisés par l'association des Amis de Nicolas Sarkozy continuent à attirer du monde. Le jour où le nombre de couverts sera revu à la baisse, ce sera un indice.

« Notre richesse, c'est notre différence », scandaient les antiracistes dans les années 1980. Ce grand principe est également vrai pour la droite. L'UMP va devoir apprendre désormais à faire coexister plusieurs personnalités. Toutes aptes à avoir un destin national. Plusieurs sensibilités aussi, avec la mise en œuvre des mouvements, prévus depuis 2002 dans les statuts du parti mais jamais respectés. La droite n'est pas morte, elle subit seulement de profonds changements, pour mieux, peut-être, renaître de ses cendres.

Remerciements

Un grand merci à tous ceux qui ont accepté de nous parler pour cette enquête : les élus, leurs collaborateurs, les femmes et hommes de l'ombre, les stratèges et autres conseillers en communication.

Merci aux équipes de Flammarion pour leur réactivité et leur accompagnement quotidien. Un merci particulier à Thierry Billard, Sophie Charnavel, Claire Covin et Sandie Rigolt. Merci à Myriam et Camille pour la relecture.

Une pensée et mille baisers pour nos anges gardiens : Laurence Ferrari, Agathe Blanchard et Anna Cabana.

Merci à nos patrons pour leur confiance et leur soutien dans cette aventure. À TF1 / LCI, Catherine Nayl, Éric Revel, Laurent Drezner et Christophe Jakubyszyn. À D8, Ara Aprikian, Xavier Gandon, Franck Appietto et Alain Contrepas.

Merci à l'équipe de LCI Matin : Rebecca, Charlotte, Aurélie, Aude, Armelle, Christine, Justin, Dominique, Magali sans oublier Renaud et toute la rédaction de LCI.

Merci aussi à nos amis et à nos parents que nous avons quelque peu délaissés durant ces mois de plongée au sein de l'UMP. Merci à Bruno.

Table

Mise en page par Meta-systems
59100 Roubaix

CET OUVRAGE
A ÉTÉ ACHEVÉ D'IMPRIMER
SUR ROTO-PAGE
PAR L'IMPRIMERIE FLOCH
À MAYENNE EN JANVIER 2013

N° d'édition : L.01ELKN000464.N001 – N° d'impression : 83946
Dépôt légal : janvier 2013

(Imprimé en France)